Helge Adolphsen · Hermann Rauhe
Leben ist, was du daraus machst

Helge Adolphsen · Hermann Rauhe

Leben ist, was du daraus machst

Anleitung zur Lebenskunst

Kaufmann Verlag

Bibliografische Information Der Deutschen Bibliothek

Die Deutsche Bibliothek verzeichnet diese Publikation in der
Deutschen Nationalbibliografie; detaillierte bibliografische Daten
sind im Internet über http://dnb.ddb.de abrufbar.

1. Auflage 2009
© 2009 Verlag Ernst Kaufmann, Lahr

Umschlaggestaltung: Stefan Heß, Ehrenkirchen unter Verwendung
eines Fotos © Tobias Marx/Fotolia
Printed and bound by Leo Paper, China
ISBN 978-3-7806-3073-5

Inhaltsverzeichnis

Vorwort

An diesem Buch zu schreiben war für uns zwei Autoren ein Abenteuer. Der eine von uns, Professor für Musikwissenschaft und Pädagogik, wollte über Glück und Lebenskunst schreiben. Der andere, Pfarrer und Prediger aus Leidenschaft, wollte seine Einsichten über den frei machenden Geist einer offenen Kirche den Menschen nahe bringen.

Das Buch entstand in gemeinsamer Arbeit. Weil wir uns wunderbar ergänzt haben, ist nicht mehr auszumachen, wer was formuliert hat. Deshalb haben wir die Ich-Form gewählt.

In unserem Buch entfalten wir die Beziehungen vom Ich zum Du, vom Ich zum Wir, vom Ich zur Welt. Wir legen Wert auf Besinnung und Umdenken, setzen darauf, dass sich zukünftig Eigenverantwortung stärker mit Mitverantwortung verbindet. Wir schreiben für Menschen, die Selbstbestimmung in Selbstbesinnung erproben wollen, Selbstverwirklichung nicht auf Kosten anderer suchen und Selbstliebe praktizieren wollen, die Nächstenliebe einschließt.

Eine Anleitung zur Lebenskunst mit einfachen Regeln wollten wir geben, die auf eigener Lebenserfahrung und auf den Weisheiten der christlich-abendländischen Tradition beruhen. Wir entdeckten dabei, dass Musik ein Modell sinnerfüllten Lebens und dass gelingendes Leben wie gut komponierte, gespielte und gehörte Musik ist. So dient die Musik in unserem Buch immer wieder als Anregung.

Wir wollen nicht nur – aber auch – Menschen in reifen Jahren ansprechen, die eigenständig denken, fühlen und handeln und selbstbestimmt leben wollen. Die Generation der ab Fünfzigjährigen steht mitten im Leben, ist engagiert, dynamisch, wertorientiert. Sie erlebt die Gegenwart mit ihren vielen Veränderungen als Aufbruchszeit. Sie sieht, dass im Jahre 2010 jeder vierte Deutsche über sechzig Jahre alt sein wird, zwanzig Jahre später jeder Dritte. Menschen dieser Generation spüren: Es ist nie zu spät, einen eigenen Lebensentwurf zu wagen, eine eigene „Lebenspartitur" als bewusst gestaltete Lebensgeschichte zu schreiben.

Wir freuen uns, dass unser Buch, das unter dem Titel „Lob des Lebens" sehr erfolgreich war und uns viele positive Reaktionen gebracht hat, jetzt in neu bearbeiteter Form und unter einem neuen Titel wieder aufgelegt wird, und wünschen den Leserinnen und Lesern viel Lust und Begeisterung beim Abschreiten weiter Horizonte.

Hamburg, im Frühjahr 2009

Helge Adolphsen   *Hermann Rauhe*

Sich selbst wahrnehmen und verstehen

Mit allen Sinnen das Leben begreifen

Fünf Sinne hat der Mensch: Hören, Sehen, Tasten, Schmecken, Riechen. Sie ergänzen einander wie fünf Finger an einer Hand. Mit ihnen eigene Erfahrungen zu machen, sie bewusst auszubilden, verschafft uns Glücksgefühle, vermittelt uns tiefe Erlebnisse, stärkt die Kräfte von Geist, Seele und Körper.

Mit unseren Sinnen nehmen wir Leben wahr, anderes, fremdes und das eigene. Sind sie wach, offen und empfänglich, steigen die Chancen für ein bewusstes Leben. Sie sind wie Antennen, die Signale und Impulse, Botschaften und Gefühle empfangen. Mit ihnen vernehmen wir das, was für uns selbst wahr und gültig ist. Durch sie sind wir ganz und ganzheitlich beteiligt am Suchen und Finden unserer eigenen Lebenswahrheit. Sie vermitteln uns die Kräfte, die uns lebendig sein und bewusst leben lassen.

Wir Älteren kommen aus einer Zeit, in der der Kopf alles war und der „Bauch" nichts galt. Verstand und Intellekt standen so hoch im Kurs, dass man sich scheute, Gefühle zu zeigen. Das Wort Sinnlichkeit war anrüchig und wurde einseitig auf

Erotik und Sexualität bezogen. Inzwischen wollen wir bewusster und nicht nur verkopft, sensibler und nicht mehr abgestumpft, freier und nicht mit unterdrückten Sinnen leben.

„Ganzheitlich leben", das ist mehr als ein modisches Wort. Hinter ihm stecken der Protest und die Gegenbewegung gegen ein Leben, das zerstückelt und nicht mehr überschaubar ist. Wir wollen nicht nur Spielball und Verfügungsmasse anderer sein. Wir wehren uns dagegen, dass andere die Wahrheit für uns vorformulieren und sie uns aufzwingen. Wir möchten unser Ich nicht kleiner machen, als es ist, sondern es stärken. Wir wollen unser Leben selbst wahrnehmen. Und das mit allen Sinnen, wach, sensibel und eigenständig. Wir möchten auch andere Menschen und Mitgeschöpfe ganzheitlicher und sinnlicher wahrnehmen, in all ihren Lebensäußerungen, in ihrer Schönheit und in ihrem Schmerz. Unsere Sinne ermöglichen es uns, innerlich ganz dabei zu sein und das in Sprache und Musik, Gesten und Haltungen zu zeigen.

Nimm dich selbst wahr, dann wird man dich wahrnehmen

Im Zuge dieser ganzheitlichen Wahrnehmung entwickeln wir ein sensibleres und bewussteres Verhältnis zu unserem Körper. Wir achten auf unseren Atem und lernen, richtig und bewusst ein-

und auszuatmen. Wir registrieren, wenn wir uns verspannen, wenn das Herz jagt, wenn wir Stress erleben. Und erkennen unsere Ängste, Überforderungen oder unsere ungesunde Lebensweise als Ursache.

Unser Körper ist nicht, wie es Menschen früherer Zeiten erlebt haben, nur eine äußere Hülle oder gar ein Gefängnis unserer Seele, das man hassen oder aus dem man fliehen muss. Unser Körper ist auch nicht der Esel, dem wir alles aufladen können, der klaglos gehorcht und um den wir uns nicht weiter kümmern müssen. Das alte Verständnis vom Körper kehrt zurück, das die Antike kannte und das Paulus in der Bibel aufgenommen hat. Alle Glieder und Organe machen den *einen* Leib aus, der zusammen mit der Seele und dem Geist eine Einheit bildet: den Menschen in seiner unauflöslichen, vom Schöpfer gewollten Ganzheit.

In diesem Zusammenhang ist die Erinnerung wichtig, dass in vielen früheren Kulturen und Religionen unterschiedliche Organe Sitz der Seele und der Affekte waren: In Blut und Herz, Nieren und Leber wurden sie lokalisiert. Die jeweiligen Organe galten als Sitz seelischer Empfindungen, aber auch starker Gefühle wie Zorn und Trauer. Daraus spricht ein positives und intensives Verhältnis zum eigenen Körper, der sehr bewusst wahrgenommen wurde. Blut wurde und wird heute wieder als „Lebenssaft" verstanden. Wer Nieren- oder Gallensteine hat, lebt nicht im Einklang mit sich selbst, hat zu viel Ärger oder Stress, wie es der Volksmund treffend ausdrückt: Es geht mir an die Nieren; die Galle läuft mir über. Die Beispiele ließen sich beliebig vermehren.

In unserem Haus hängt das Bild einer alten Frau, das ich liebe. Ihr Gesicht ist wie eine Lebenslandschaft, durchzogen von Falten und durchpflügt von Runzeln. Sie wirkt wie eine alte Indianerin oder eine russische Babuschka. Manche Besucher finden sie hässlich. Ich aber lese in ihrem Gesicht ihr ganzes Leben wie in einem aufgeschlagenen Buch: die verschenkte Liebe, Schicksalsschläge und Enttäuschungen, die harte Arbeit im Haus und auf dem Feld, die eingegrabene Weisheit der Lebenserfahrungen. Ich finde sie schön, weil Schönheit keine Frage eines makellosen Körpers und strahlender Lebenskraft ist. Ich empfinde Achtung und Ehrfurcht vor dieser Art von Schönheit, die in alten wie in jungen Menschen lebt und aus ihnen spricht.

Schon Sigmund Freud hat erkannt, dass es die Grundlage des Ich ist, den eigenen Körper wahr- und anzunehmen. Wahrnehmend finden wir uns selbst und gewinnen so unsere Identität. Was das wirklich bedeutet, wird in seiner ganzen Tragweite erst deutlich, wenn ein Mensch seine Körperwahrnehmung durch Krankheit verliert.

Der in New York praktizierende Neuropsychologe Oliver Sachs beschreibt den Fall einer „körperlosen Frau". Die 27-jährige Christina hatte durch ihre Krankheit, eine sensorische Polyneuropathie,

mit ihrer Eigenwahrnehmung auch die grundle-
gende organische Verankerung ihrer Identität verloren. Christina empfand, dass sie nicht sie selbst
war. Ihr fehlte das Bewusstsein, dass sie Christina,
dieser besondere Mensch mit Augen, Händen und
Füßen, sei. Sie konnte sich bewegen wie jede andere
und empfand sich doch zugleich als „körperlos".

Eigenwahrnehmung und Außenwahrnehmung,
den eigenen Körper in seiner Vielfalt und die Welt in
ihren Farben und Tönen, Reizen und Stimmungen
sinnlich wahrzunehmen – das muss zusammenge-
hen, zusammenwachsen und zusammenklingen.

Das Zusammenwirken von Impulsen, die von
außen, und solchen, die von innen kommen, lässt
sich besonders gut an der Musik zeigen. Beim Singen wie beim Sprechen nehmen wir den von uns
erzeugten Ton von außen wahr. Die Luftschwin-
gungen treffen über die Hörmuschel auf unser Ohr.
Aber zugleich spüren wir immer die Schwingungen
unserer Stimmbänder und die Resonanz unseres
Körpers. So nehmen wir den Ton zugleich von
außen und von innen wahr. Wir haben also eine
doppelte Wahrnehmung. Deshalb klingt unsere
eigene Stimme für uns anders als für andere, die
uns hören. Das erlebt jeder, der sich selbst einmal
von einem Tonträger gehört hat. Die Stimme klingt
fremd, wir sind erstaunt über den von unserer eigenen Wahrnehmung abweichenden Klang. Wer das
weiß, wird die abweichende, fast fremde Wirkung

seiner Sprache auf sich selbst mit der Wirkung auf andere zusammenbringen. Er achtet auf beides und wird sich kontrollieren und sensibilisieren.

Sich selbst so umfassend wahrzunehmen ist gerade beim Sprechen wichtig. Weil das Gespräch vom Ich zum Du ein persönliches Mitteilen und Miteinander-Teilen von Leben ist, müssen wir das eigene Sprechen kultivieren und pflegen wie eine kostbare Blume. Das erfordert, sich selbst intensiv zuzuhören. Dadurch erzielen wir zugleich eine zweite Wirkung. Wir erzeugen beim Zuhörenden eine starke und offene Bereitschaft, geradezu eine Wahrnehmungsspannung, die ihn aufmerksam macht. Wir „zwingen" ihn gleichsam, sich zu öffnen und sich selbst auf Empfang zu stellen.

Zur Kontrolle dessen, was wir sagen und wie wir es sagen, gehört es, auf die Pausen zu achten. Pausen unterbrechen den Fluss einer Rede, dienen dem Einatmen und Ausklingen, dem Setzen neuer Anfänge. Sie laden zum Verweilen, Besinnen und Nachdenken ein. Der Dirigent Wilhelm Brückner-Rüggeberg pflegte zu sagen: „Die Pausen sind das Wichtigste und Schönste in der Musik!"

Gleiches gilt für die Sprache. Eine bewusste Pause in einem Gespräch hilft, sich innerlich zu sammeln und auf die innere Stimme zu hören. Ich gebe meinen Worten Raum und Zeit, indem ich schweige. Solches Schweigen lässt mich und die Zuhörenden dem Gesagten und Gehörten nach-hängen und -denken, eigenes hinzufügen, gibt der

Fantasie Flügel und eigenen Assoziationen ein ganz persönliches Recht. Pausen vertiefen die Partnerschaft im Gespräch, weil der bis dahin Zuhörende danach selbst aktiv werden kann. Das „Stille Gebet" in einem großen Kirchengebet ist beredtes Schweigen. Manchmal ist es sogar der Höhepunkt eines festlichen Gottesdienstes in einer vollbesetzten Kirche.

Was für das bewusste und kontrollierte Hören gilt, trifft auch für die anderen Sinne zu, besonders für den Bewegungssinn. Wenn wir unsere eigene Körpersprache, unsere Bewegungen, Gesten aufmerksam beobachten, heben wir sie ins eigene Bewusstsein. Nicht die sachlichen Informationen und klugen Gedanken entscheiden über die Wirkung einer Rede oder eines Gesprächs. Mimik und Augen, die den Zuhörer suchen, Hand- und Armbewegungen, das spürbare innere Engagement sprechen viel mehr, viel direkter und viel tiefer an.

Aus solchen Erkenntnissen könnte man die Regel ableiten: „Höre dir selbst zu, dann wirst du gehört. Nimm dich selbst wahr, dann wird man dich wahrnehmen."

Berührung schafft Nähe

Heute gilt es nicht mehr als unschicklich, einander zu berühren. Wenn wir uns wiedersehen, uns begrüßen und freudig erregt sind, umarmen wir einander, streichen dem anderen übers Haar oder streicheln ihm die Wange. Solche Gesten und liebevollen Bewegungen verbinden viel tiefer, als Worte allein es in dem Augenblick könnten.

Der Bewegungssinn wird auch durch Musik angeregt. Es ist ein ästhetischer Hochgenuss, Musikern zuzuschauen, die sich gelöst und leicht bei ihrem eigenen Spiel bewegen. Mit den eigenen Bewegungen dirigiert der Maestro ein großes Orchester, ohne Worte, aber wie ein Magier. Und der Funke, die Begeisterung springt von ihm nur über, wenn seine Bewegungen stimmig, harmonisch und eindeutig sind, wenn sie im Einklang mit seinem Denken, Fühlen und Wahrnehmen stehen und aus der Verschmelzung des musikalischen Werkes und seines musikalischen Könnens kommen.

Auch beim aktiven Hören von Musik wird der Bewegungssinn gefördert. Während der Aufführung einer sehr schwungvollen und strahlenden Kantate von Johann Sebastian Bach im Hamburger Michel saß auf der Empore ein vierjähriger Junge bei seinen Eltern. Bei den ersten Tönen sprang er auf und bewegte sich völlig sicher im Takt, selbstvergessen und hingegeben, als wäre er allein auf der Welt. Die Blicke der vielen, die sich auf ihn richteten, nahm er nicht wahr. In den Pausen ließ er seine Arme sinken, beim Tempowechsel fand er sofort die dem Rhythmus entsprechenden Bewegungen und schien selbst Orchester und Chor zu dirigieren.

Wenn wir uns so bewegen, verkörpern wir das Seelische, verleiblichen wir die Sinne, äußern wir das Innere. Aus einem starren Körper spricht gestörte Leiblichkeit. Wir sollten freier und mutiger werden und uns so bewegen, wie uns ums Herz ist. Im Rhythmus des Tanzes stellen wir uns ganzheitlich dar. Wer die Angst überwindet, sich so zu äußern, wird beweglich, äußerlich und innerlich.

Bis auf den Geruchs- und Geschmackssinn sind alle unsere Sinne beteiligt, wenn wir Musik wahrnehmen. Um auch die „kulinarischen" Sinne anzusprechen, werden Konzerte immer häufiger verbunden mit einem zwanglosen Beisammensein mit Essen und Trinken. Das fördert die Kommunikation. So werden Eindrücke und Erfahrungen mit Musik ausgetauscht, das Erlebnis vertieft, Begegnungen ermöglicht.

Da Essen umgekehrt nicht nur den Geschmackssinn anspricht, sondern den Menschen in besonderem Maß als Ganzen betrifft („Liebe geht durch den Magen"), haben Mahlgemeinschaften oft symbolische Bedeutung. Im Vorderen Orient wie in vielen Ländern der Erde ist das gemeinsame Essen und Trinken Ausdruck freizügiger Gastfreundschaft und der Friedensbereitschaft. Mit wem man gegessen hat, den kann man nicht hassen, den darf man nicht töten. Die Tradition der Liebesmahle, bei denen sich jeder seine Sorgen und Freuden, seine Kritik an anderen und seine Hoffnungen frei von der Seele reden darf, verweist auch bei uns noch auf die Bedeutung des Geschmackssinns für den Menschen in seinem Verhältnis zu anderen. Für solche Möglichkeiten der Kommunikation macht Musik besonders offen.

Höre, so wird deine Seele leben

Im Schöpfungsplan des Menschen ist dem Ohr eine einzigartige Rolle zugewiesen worden. Das zeigt sich auch daran, dass das Ohr als Warnsinn – im Gegensatz zu den Augen! – unverschließbar und ständig auf Empfang geschaltet ist.

Hören ist der spirituellste unserer Sinne. In vielen Religionen enthalten die großen Bücher unzählige Höraufforderungen und -anweisungen: Sie alle unterstreichen die herausragende Bedeutung des Hörens.

Einundneunzigmal kommt „Hören" in den fünf Büchern Mose vor. Der Psalmbeter bittet: „Lass mich früh hören deine Gnade!" Die Verstockung und Halsstarrigkeit des ganzen Volkes Israel wird auf die tauben Ohren zurückgeführt. Innere Hörerlebnisse stehen bei den Propheten neben den Visionen. Sie hören Gottes Stimme und werden zu seinem Sprachrohr.

Wenn Jesus seine Gleichnisse mit der Mahnung beschließt: „Wer Ohren hat zu hören, der höre!", dann macht er seine Lebensworte und die Reaktionen seiner Zuhörer zu einem Hör- und Sprachereignis, ganz im Sinne des Satzes „Höre, so wird deine Seele leben".

„Seele" meint im Hebräischen Leib und Seele, die Person und das Leben im ganzheitlichen Sinne. Deshalb wird Hören hier zur Voraussetzung und zur Grundlage, aber auch zu der entscheidenden Haltung und zu dem Medium, durch das Leben erfüllt wird. So bestätigt sich der Vorrang des Hörens vor dem Sehen, Tasten, Schmecken und Riechen.

Martin Luther sagt das sehr schön in einer Predigt kurz vor seinem Tod: „... ob man wol sein Reich nicht so het wie man das Weltliche siehet, so höret mans dennoch. ... Und Christi Reich ist ein Hör-Reich, nicht ein Sehe-Reich. Denn die Augen leiten und führen uns nicht darin, da wir Christum finden und kennen lernen, sondern die Ohren müssen das thun ... das Reich Christi stehet allein im Gehöre ..."

Die Kraft und Wirkungsmacht des Wortes drückt die Bibel in vielen Bildern aus: Das Wort ist wie ein Hammer, der Felsen zertrümmert, oder wie ein scharfes Schwert. Es tut, was es sagt. Die Linie geht weiter bis zum berühmten Prolog des Johannesevangeliums: „Am Anfang war das Wort, und das Wort war bei Gott." Jesus wird als das „Wort" hymnisch gefeiert.

Die Dichter, aber auch die Liebenden aller Zeiten gehen von der Macht des Wortes aus, das mehr bewirkt als alle Gewalt in den Revolutionen.

Die meisten intensiven seelischen Beziehungen zwischen Menschen verlaufen über das sensible und geduldige, liebevolle und einfühlsame Hören: Wir sind „ganz Ohr", so ganz und geborgen wie im Mutterleib, wo wir über das sehr früh ausgebildete Hörorgan den Herzschlag und die Stimme der Mutter als prägendes Urerlebnis des Vertrauens empfinden.

Im Lauschen, das aus dem Schweigen und der Stille kommt, begegnen sich Menschen in der Liebe. Da erfahren sie sich und den anderen als Geschenk. Lauschend erschließt sich das Wesen, die Einmaligkeit und das Verstehen eines anderen in der Tiefe.

Wer nicht mehr lauschen kann, bleibt einsam.

Solche Erfahrungen müssen wir uns in unserer Zeit der akustischen Umweltverschmutzung immer wieder bewusst machen. Durch überlaute Musik in Diskotheken und über Walkman wird der Gehörsinn überstrapaziert und frühzeitig abgenutzt. Der kanadische Komponist und Musikforscher Murray Schafer bringt das auf die knappe Formel: „Der achtzehnjährige Großstadtbewohner und regelmäßige Diskothekenbesucher hört so schlecht wie ein achtzigjähriger Landbewohner."

Immer stärker werden wir einer Dauerberieselung durch Musik ausgesetzt. Sie ertönt im Supermarkt, beim Zahnarzt und aus der Nachbarwohnung. Das bewirkt eine zerstreute Wahrnehmung von Musik. Dabei ist Musik eigentlich zum Hinhören, nicht zum Weghören da! Genaues und konzentriertes Hinhören ist die Grundlage für das Aufnehmen von Botschaften und das Wahrnehmen von Menschen. Durch eine dauernde Klangkulisse werden wir gezwungen, die Technik des „Weghörens" immer weiter zu entwickeln, die dem bewussten Zuhören genau zuwiderläuft. Die Gefahren seelischer und körperlicher Abstumpfung werden größer. Ich habe mir angewöhnt, in einem Lokal oder im Taxi freundlich darum zu bitten, die Musik abzustellen. Ich sage schlicht, dass ich Musiker bin und ein empfindliches Gehör habe. Ich meine, wir müssten da klarer und mutiger werden, um der akustischen Umweltverschmutzung zu begegnen.

Nur wer bewusst und konzentriert hört, dessen Seele bleibt lebendig und gesund.

Hören überwindet Grenzen

Musik wird noch schöner durch Bewegung! Sie erfasst nicht nur unseren Geist und unsere Seele, sondern auch unseren Körper. In einer Zeit, in der immer mehr Menschen sich verkrampfen und verschließen, in der Haltungsschäden, Neurosen und Phobien zunehmen, liegt mir daran, den Sinn für Bewegung zu schärfen und zu einer neuen Sinnlichkeit und Körperlichkeit anzustiften.

In Musikveranstaltungen erlebe ich, wie die Menschen körperlich und motorisch reagieren. Sie klatschen gemeinsam im Takt und Rhythmus der Musik, sie fassen sich an den Händen oder bilden eine hin- und herpendelnde Kette. Ich schaue gern auf Menschen, die sich so begeistern lassen und sich verzückt ganz der Musik hingeben. Ich spüre dann, wie sie befreit werden, ihre eigenen Gefühle auszudrücken. Solche durch die Musik initiierten Gemeinschaftserlebnisse senken sich tief in die Herzen der Beteiligten ein und vermitteln unvergessliche Schlüsselerfahrungen. Ich möchte Mut machen zu solchen Erfahrungen!

Ich ärgere mich immer wieder, wenn bei traditionellen klassischen Konzertveranstaltungen Stirnrunzeln und laut geäußertes Unverständnis für solche Körperreaktionen aufkommt. Viele konservative Hörerinnen und Hörer sehen dadurch die „Würde" des musikalischen Kunstwerkes gefährdet und fürchten den „Untergang" der abendländischen Musikkultur. Was bei Jazz- und Popkonzerten, Jugend- und Massenveranstaltungen, aber auch bei Opern selbstverständlich ist, wird hier als peinlich und störend empfunden. Es hat sich eingebürgert, erst nach dem letzten Satz einer Sinfonie oder eines Solokonzertes zu applaudieren, selbst wenn das Werk länger als eine Stunde dauert. Angeblich ist die Ganzheitlichkeit des Werkeindruckes gefährdet, wenn etwa am Schluss einer hinreißenden, äußerst virtuosen Improvisation der Solokadenz im Instrumentalkonzert spontan geklatscht würde. Was ist das für ein enges und einseitiges Verständnis

von Ganzheitlichkeit, wenn die Sinne unterdrückt
werden und Stille erzwungen wird!

Je mehr wir uns öffnen, desto mehr dringt in uns
ein. Diese Wahrheit gilt nicht nur für die Musik,
sondern für alle Lebensbereiche. Wenn wir zer-
streut oder unkonzentriert, verspannt oder wider-
willig sind, negativ gestimmt oder überkritisch,
dann sind wir „zu", „besetzt" und „dicht". Doch
wenn unsere Einstimmung und Empfangsbereit-
schaft unterentwickelt ist, dann entgehen uns die
schönsten und wichtigsten Dinge im Leben.
Wir müssen mehr Mühe darauf verwenden, uns
zu entspannen, uns zu öffnen und uns hinzugeben
an die wesentlichen Dinge und Erfahrungen. Dann
werden wir gefüllt und erfüllt mit ihrer Schönheit
und Kraft.
Unser Bewusstsein muss sich auf das Positive
richten. Es gibt so viel Negatives, Schlimmes und
Schreckliches in der Welt. Wir werden täglich mit
so viel Negativnachrichten bombardiert, wir haben selbst so viele Sorgen und Ängste in uns, dass
der Hunger nach dem Guten und der Durst nach
dem Schönen immer größer werden. Wir wollen
uns nicht entziehen, sondern unsere Verantwortung wahrnehmen und unsere Handlungsspielräu-
me nutzen. Positiv denken, fühlen, sprechen und
handeln kann zu einer Kraftquelle für uns werden.
Dann geht uns auf, dass es in unserem Leben noch
etwas anderes gibt als Konflikte und Kriege, Kon-

sum und Korruption, Kämpfen und Kraftlosigkeit.
Wir leben dann bewusster und intensiver.

Habe Mut, ganz du selbst zu werden

Ganzheitliches Wahrnehmen führt zum ganzheit-
lichen Verstehen. Wer Verstehen nur rational als
Sache des Kopfes vollzieht, missachtet die besten
Gaben in sich: Intuition, Einfühlsamkeit, Zärt-
lichkeit und emotionale Zuwendung. Wer seine
Verstandes-, Gefühls- und Sinneskräfte nicht zusammenhält, kann nicht mit sich selbst eins werden und harmonisch leben. In diesem Dreieck der
Kraftquellen muss ständig Strom fließen. Reine
Kopfmenschen sind kalt, reine Gefühlsmenschen
lebensuntüchtig, reine Sinnesmenschen egoistisch.
Verstehen richtet sich auf uns selbst, aber auch auf
andere Menschen, Dinge und Ereignisse.

Früher war es üblich, uns als Subjekt der Wahrnehmung und des Verstehens all dessen zu sehen,
was außerhalb von uns selbst war. Zwischen Subjekt und Objekt gab es nicht nur Trennungen, sondern Gräben. Es wurde hier so strikt getrennt wie
zwischen Innen- und Außenwahrnehmung. Man
sprach von „objektiver Betrachtung" und meinte
ein vorurteilsfreies, sachliches und rationales Sehen
ohne eigene Betroffenheit.

Die „subjektive Betrachtung" war der Gegensatz
dazu und betonte die persönlichen, emotionalen

und nach innen gerichteten Verstehensenergien. Eine Spaltung, ein scharfer Dualismus waren die Folge. „Teilnehmendes" Verstehen kennt solchen Dualismus nicht. Wir wissen heute, dass wir es im Betrachten eines menschlichen Gegenübers niemals nur mit einem „Objekt", sondern mit einem Menschen zu tun haben, der in irgendeiner Beziehung zu uns steht. In jeden Verstehensvorgang bringen wir unsere Betroffenheit wie unsere Vorerfahrungen ein. Und diese Vorerfahrungen sind rational, emotional und körperlich-sinnlich zugleich.

In den modernen Naturwissenschaften wird das längst bestätigt: Es gibt keine sogenannten „exakten" und „objektiven" Messungen. Sie hängen ab von den Fragestellungen und dem, was für ein Ergebnis der jeweilig messende Mensch erwartet und erhofft.

Ich plädiere für ein persönlich beteiligtes und teilnehmendes Verstehen, sensibel einfühlsam, zärtlich eindringend, liebevoll umgreifend. Solches Verstehen analysiert und seziert nicht nur, sondern überwindet die kühlen Distanzen zwischen uns und unserer Außenwelt.

Für dieses Verstehen spielt das Hören eine zentrale Rolle, weil es die Einheit von Innen und Außen, von Hörer und Gehörtem bewirkt und Fremdheit wie Entfremdung überwindet. Hören baut Brücken.

Es ist die Stille, die intuitives und meditatives Hören fördert. In ihr werden „Hineinhorchen" und

„Hineinschauen" (jeweils in mich und andere(s)!)
Geschwister: „Wer hört, wird gehört, wer versteht,
wird verstanden, wer liebt, der wird geliebt. Wer
von sich selbst absehen kann, nimmt andere wahr."
Hier liegen die großen Möglichkeiten für ein sinnerfülltes Leben mit Liebe und Lust. Wir brauchen
eine ästhetische Kultur menschlicher Beziehungen,
des sensiblen Wahrnehmens, des gegenseitigen
Einfühlens und des empathischen Verstehens. In
der Gesprächstherapie wird das seit Jahren ange-
strebt und erfolgreich praktiziert.

Sich selbst ehrlich wahrzunehmen ist harte Arbeit.
Sich selbst auszuhalten erfordert oft große Mühe.
Aber sie lohnt sich.
Viele Menschen neigen zum Selbstbetrug. Auf der
Suche nach sich selbst gelangen sie oft zu erschre-
ckenden Ergebnissen. Sie entdecken, dass sie nicht
gut, sondern böse sind, nicht wahrhaftig, sondern
verlogen, nicht mutig, sondern feige. Viele leiden
auch darunter, dass ihre Selbstliebe egoistisch ist
und größer als ihre Liebe zum Nächsten.
Wer die harte und unbequeme Arbeit an sich
selbst scheut, entwickelt leicht ein Fantasiebild von
sich. Es steht dann im krassen Gegensatz zur eigenen Wirklichkeit und zu seiner Wirkung. Solche
Menschen wirken wie schlechte Schauspieler.
Die Arbeit der Seele ist zweifellos die anstren-
gendste Arbeit, schwerer als harte körperliche Arbeit. Dazu gehört das aufrichtige und aufmerksame

Gespräch mit uns selbst ebenso wie die unaufhör-
liche und nie endende Suche nach uns selbst. Das
setzt die Bereitschaft voraus, lebenslang zu lernen.
„Suche und versteh dich selbst!" – das ist nicht auf
das Jugendalter beschränkt, das gilt für jede Stufe
und Phase unseres Lebens. Das gleicht einer Reise durch die ständig sich wandelnde Landschaft
unseres Lebens. Das Leben ändert sich – und wir
sollten uns nicht wandeln? Wir müssen angesichts
des rasanten Tempos unserer Tage lebenslang lernen – und wir wollen das nur auf den Kopf und
unsere Hände beschränken?

Leben ist eine einzige große und aufregende
Suchbewegung. Es gleicht einem Abenteuer mit
allen Chancen und Gefahren, mit Neugier und
Angst. Aber das Wagnis lohnt sich! Erich Fried
sagt: „Wer nur will, dass die Welt bleibt, wie sie
ist, will nicht, dass sie bleibt." Gleiches gilt auch
für die Suche nach uns selbst. Sie dauert bis zum
letzten Atemzug. Jörg Zink formuliert das so: „Ein
Leben reicht nicht aus zu verstehen, wer wir selbst
sind, unsere Kräfte zu entdecken und zu regen, uns
selbst auszuschreiten auf der Suche nach dem Menschen in uns."

In der Aufklärung vor 200 Jahren lautete die wichtigste Lebensmaxime: „Habe Mut, dich deines
eigenen Verstandes zu bedienen." Heute sage ich:
„Habe Mut, ganz du selbst zu werden!"

Vom Glück, gehört zu werden

Alles, was ich bisher zum Wahrnehmen und Verstehen gesagt habe, bildet die Voraussetzung für
Verständigung. Das einfühlende und liebende Verstehen ist die beste Voraussetzung für eine gelin-
gende Verständigung.

Die Kunst des aktiven Zuhörens besteht darin,
dass der „Empfänger" dem „Sender" die Ergebnisse seiner „Decodierung" fortlaufend rückmeldet.
Bei jeder Verständigung muss die Genauigkeit des
Verstehens ständig überprüft werden. Der „Sender"
muss wachsam auf Missverständnisse und Verzer-
rungen achten, aber genau so der „Empfänger". Der
Vermittlungsvorgang beruht auf einer Wechselbe-
ziehung zwischen beiden. Die „Rückmeldungen"
zeigen sich im Augenkontakt und Blickaustausch,
im Nicken oder in bestätigenden Worten wie „oh"
und „mmhmm" oder durch interessierte Rückfra-
gen wie „wirklich?". Sie schaffen ein kommunika-
tives Klima, in dem sich beide verstanden fühlen.
Dann gedeihen Gespräch und Verständigung, aber
auch die seelische Entfaltung und persönliche Entwicklung eines Menschen. Wir machen den anderen glücklich, wenn wir ihm signalisieren, dass wir
ihn verstehen, achten und anerkennen.

Verstehen und Verständigung entfalten sich nur
in einer Atmosphäre der Ruhe und Konzentration.
Wer überzeugen und andere gewinnen will, muss in
sich ruhen. Nur aus innerer Ruhe, Harmonie und

Stimmigkeit kommen Sicherheit und strahlende Kraft und Klarheit.

Das Glück, angehört zu werden, ist zu einer seltenen Kostbarkeit geworden. Wird Verständigung nicht praktiziert als aktives Wechselgeschehen zwischen Sender und Empfänger, dann wird die Wirkung dieselbe sein wie bei der Berieselung aus dem Lautsprecher. Viele Worte, die einen Hörer suchen, verhallen unverstanden. Sprechende sind oft einsamer, als sie glauben. Sie meinen einen Menschen, doch ihr einziger Partner ist das Sprechgeräusch. Wir leben in einer Gesellschaft der offenen Münder und nicht der offenen Ohren.

Hinzu kommt die Unzulänglichkeit der Sprache, wenn sie sich auf die Mitteilung von Wörtern und das „ungeheure Gebälk und Bretterwerk der Begriffe" beschränkt, wie Friedrich Nietzsche plastisch formuliert. Sprache ist mehr als nur Informationsvermittlung. Zu ihr gehören die nonverbalen und musikalischen Anteile, Mimik, Gestik und Gebärden. Nicht zu vergessen der Tonfall!

„Der Tonfall ist die Klimaanlage für die Seele", sagt der Rhetoriker Heinz Lemmermann. Er kann die Atmosphäre erwärmen oder abkühlen. Metallischharter Stimmklang lässt uns zu Eis gefrieren. Hörer bekommen seelische Frostschäden. Ein gereizter und aggressiver Tonfall lässt die Beziehungen verdorren. Meine Stimme zeigt, wie „stimmig" ich mich in dem fühle, was ich sage. Ob das „Was", das,

was ich sagen möchte, stimmt, hängt weitestgehend
von dem „Wie" ab, mit dem ich es mitteile.

Ich wage die These: Ob ich mit meinen Worten
beim anderen wirklich ankomme, hängt zu achtzig
Prozent davon ab, ob sich eine emotional gefüllte
Gesprächsbeziehung entwickelt. Ärzte, Seelsorger
und Berater wissen sehr wohl darum, dass sie mit
ihrer Stimme trösten und beruhigen, die Angst
bannen und seelische Verwundungen heilen können. Da vollzieht sich sinnliches Sprechen, da geschieht viel mehr als nur Information und eine nur
oberflächliche Verständigung.

In einem jüdischen Witz fragt einer entsetzt,
als er hört, dass der Nachbar beide Hände gebro-
chen hat: „Und womit soll er reden?" Sinnliches
Sprechen wird ergänzt durch eine neu entdeckte
Handlichkeit. Hände sprechen! Jede Hand ist ein-
malig unter Milliarden Händen, ebenso wie der,
zu dem sie gehört. Jede Hand ist schön! Ich denke
an die Lust und das Glück, mit der eigenen großen Hand den kleinen Kopf eines neu geborenen
Kindes zu umfassen. An die Hand auf der Schulter
– und die Last wird leichter. An die kühlende Hand
auf fiebernd-heißer Stirn – und eine wohlige Erleichterung durchzieht den ganzen Körper. An die
betenden Hände, aus denen die Erwartung spricht,
gefüllt, verändert, erneuert, ganz durchdrungen
zu werden mit Energie zum Leben. „Die Hand ist
Werkzeug und Spiegel der Seele", schreibt Romano
Guardini. Das gilt dann auch für verkrampfte und

verschlossene Hände, die nur festhalten wollen, aber nicht geben können. Für die geballte Faust, die droht, die zum Schlag erhobene Hand, die schlägt oder tötet.

Für die Verständigung können wir sprechende Hände mit ihrem reichen Repertoire an Gesten und Gebärden sinnlich erfahrbar einsetzen. Wir haben da immer noch Hemmungen, zu viele Hemmungen! Wir sagen gedankenlos: „Ich möchte meine Hand über dich halten!" Viel direkter und wirksamer ist es, einem anderen wirklich die Hand auf den Kopf zu legen und ihm das Gefühl der Geborgenheit und des Vertrauens spürbar zu vermitteln.

Früher war es üblich, dass Eltern ihre Kinder beim Abschied durch Handauflegen segneten, sterbende Väter ihr Vermächtnis weitergaben, Mütter ihre Segenswünsche durch die aufgelegte Hand bekräftigten. Aus englischen Krankenhäusern ist mir bekannt, dass sich vor einer schweren Operation Ärzte und Schwestern, Familienangehörige und der Seelsorger um den Kranken stellen und jeder ihm die Hand auflegt. Das erinnert an das Wort tiefsten Vertrauens und gehaltener Angst aus dem wunderbaren Psalm 139: „Von allen Seiten umgibst du mich und hältst deine Hand über mir." Ich weiß, dass so berührte Menschen gefasster in den Operationssaal gelangen. Wir sollten die Hand unverkrampft und mit dem Mut zum sinnlichen Sprechen als Empfindungs-, Ausdrucks- und Handlungsorgan wieder entdecken.

Es kann gar nicht oft genug betont werden, dass die Wortsprache als System akustischer Signale nur einen Teil unserer sprachlichen Verständigung bildet. Die Körpersprache benutzt viele Signale, spricht mit Händen und Fingern, Armen und Füßen, mit dem Zittern der Unterlippe und dem Zucken der Pupillen, mit dem Erröten unserer Wangen und dem Zähneklappern, dem Kopfschütteln und dem Kniefall. Wie stark sprach etwa der Kniefall Willy Brandts vor dem Ehrenmal des Warschauer Gettos 1970 von der Bitte um Versöhnung! Das Bild ging um die ganze Welt und bestätigte die sprachliche Kraft der Gebärde des Kniefalls.

Sein Leben planen und gestalten

Erfülltes Leben braucht eine Vision

Jeder braucht eine Vision vom Leben. Wir Menschen haben die große Möglichkeit, den Sinn und die Ziele unseres Lebens selbst zu finden. Dafür brauchen wir das Gespräch mit uns selbst, den inneren Dialog in Fragen und Antworten. Die uralten drei W-Fragen der Menschheit schlummern in jedem von uns: Woher komme ich? Was soll und will ich hier? Wohin gehe ich?

Dazu gehört die Überlegung, welche Gaben wir haben, welche Aufgaben wir übernehmen wollen und was wir erreichen möchten. Das erfordert Zeit und Aufrichtigkeit, Mut und Ernsthaftigkeit.

So fremd das jetzt klingt, aber es spiegelt die Tiefe eigener Selbsterkenntnis und Selbstverpflichtung wider: Bei der Frage nach dem Ziel unseres Lebens sollten wir uns der fiktiven Herausforderung stellen, jetzt ein Testament zu formulieren. Dabei ist nicht wichtig, wem wir was vererben, sondern die Bilanz unseres Lebens. Entscheidend ist das, was in einer kleinen Geschichte so beschrieben wird:

Nach seinem Tod kam ein Mann zu Gott. Er fragte Gott: „War's das?" Gott sagte: „Das war das, was du daraus gemacht hast!"

Gott lässt uns die Wahl. Man kann das Gute annehmen oder auch ablehnen! Das Gute ist nichts anderes als das, was gut ist für mich und zugleich für andere. Aber das Gute ist auch das, was bleibt und zählt, wenn ich nicht mehr da bin.

Die Menschen vor uns haben sich viel mehr als wir heute schon mitten im Leben auf die letzte Stunde eingestellt und lebten so bewusster, überlegter und ernsthafter. Heute fällt es uns schwerer, über die Gestaltung unseres Lebens nachzudenken. Viele schwimmen auf der Oberfläche des Lebensstromes einfach mit und lassen sich von den lächerlichen Banalitäten des Alltags fortreißen, weg von tieferer Besinnung. In der so genannten Midlife-Crisis erkennen wir, dass wir uns in unserem Leben neu orientieren müssen. Manchmal sind es auch die erzwungenen Ruhepausen, die uns innehalten lassen. Die längere Krankheit, ein Unfall unterbrechen plötzlich den Dauerlauf und fordert gebieterisch, Bilanz zu ziehen. Da werden wir gezwungen loszulassen, was körperlich nicht mehr geht oder uns seelisch nicht mehr trägt. Da werden wir wesentlicher und treffen Entscheidungen für die Zukunft, die lebenswendenden Charakter haben.

Ich erinnere mich sehr gut an den 21. August 1989, als ich mit hoher Geschwindigkeit auf einen querstehenden Lastwagen auffuhr. Im Bruchteil einer Sekunde dachte ich, unentrinnbar dem Tod ausgeliefert zu sein. Mein ganzes bisheriges Leben raste im Zeitraffertempo an mir vorbei, so als müsste ich unmittelbar vor dem Tod die Bilanz meines Lebens ziehen. Das Wunder geschah, und ich überlebte mit geringfügigen Verletzungen. Was blieb, war die Dankbarkeit, dass ich weiterleben durfte. Und eine völlige Neubesinnung durch das Bewusstsein, dass jeder neue Tag seitdem ein geschenkter Tag eines zweiten Lebens ist. Mir half jene Wende zur Umkehr, die ja im tiefsten Sinne immer einen Neuanfang bedeutet. Ich lebe jetzt nicht nur bewusster, sondern nehme meine Möglichkeiten und Grenzen aufmerksamer wahr. Ich wende mich seitdem intensiver und einfühlsamer jungen Menschen zu und versuche, ihnen meine Lebenserfahrungen zu vermitteln. Ich helfe seitdem verstärkt älteren Menschen, sich selbst zu finden oder wieder zu finden.

Nicht anders erging es meinen Eltern. Mein Vater wurde von Krankheiten psychosomatischer Art gequält, bis er den Sinn seines Lebens fand. Er begann, die Natur zu schützen und die Vogelwelt zu erforschen. Das begeisterte ihn so, dass aus dem Volksschullehrer ein bedeutender Ornithologe und erfolgreicher Naturschützer wurde. Meine Mutter fand zur Musik. Sie legte eine Musiklehrerprüfung ab und gründete in meinem Geburtsort eine Musikschule. Sie belebte das gesamte Musikleben der Region. Mit neunzig Jahren starb sie. Ich schaue dankbar auf ihr durch Musik erfülltes Leben, bestimmt von positivem Denken, Fühlen und Handeln.

Die Partitur seines Lebens schreiben

Zu einem sinnerfüllten Leben gehören sinnvolle
Zeitplanung und Zeitgestaltung, denn Zeit ist das
kostbarste Geschenk, das wir zu verwalten haben.
„Mein Erbteil, wie herrlich weit und breit, die Zeit
ist mein Besitz, mein Acker ist die Zeit", sagt Goethe. Sie gehört uns ganz – und sie ist doch zugleich
wie ein Acker, der wohl bestellt werden will. Wir
brauchen ein ganzes Leben, um die Kunst der Gestaltung von Zeit als Lebenszeit zu lernen: als Zeit
zum Leben und als Leben mit geschenkter Zeit.
Die Gefahr, sie zu vergeuden oder totzuschlagen,
ist heute besonders groß. Wer ihr erliegt, lebt am
Leben vorbei. Wer sie meistert, wird glücklich.

Wir sind verantwortlich für den Zeitfahrplan
unseres Lebens. Um mit Worten aus der Musik zu
sprechen: Wir schreiben die Partitur unseres Lebens selbst. Wir bestimmen das Tempo und die
Dynamik, die Akzentuierung und die Pausen unseres Werkes. Wir können die Partitur umschrei-
ben, wenn die Situation es erfordert. Wir können
dabei improvisieren – Vorgeplantes und Improvi-
siertes gehören zusammen. Unser Leben als „Zeit-
kunstwerk" besteht immer aus der Planung und der
Improvisation verschiedener Themen und Motive,
Tempi und Farben, Harmonien und Disharmonien
wie in einem Konzert. Wollen wir erfolgreiche Le-
benskünstler werden, so können wir viel von der
Musik und ihren Gesetzmäßigkeiten lernen.

Wie der Komponist sich Gedanken macht, welchen Rhythmus seine Melodie bekommen soll, so müssen auch wir den Rhythmus unseres Lebens beachten. Unsere ganze Gesundheit hängt vom rhythmischen System unseres Körpers ab. Das Herz mit seinem symbolträchtigen Rhythmus ist das anschaulichste Beispiel eines rhythmischen Körperorgans. Ebenso ist das Atmen mit dem Zusammenziehen und der Dehnung der Lunge und dem Pumpen frischen Sauerstoffes rhythmisch geprägt. Dieser polare Dauerrhythmus ist zugleich lebenswichtig und seelisch bedeutsam. Atmen bildet die Voraussetzung für Sprechen und Singen.

Goethe drückt das im Westöstlichen Divan so aus:

Im Atemholen sind zweierlei Gnaden:
Die Luft einziehn, sich ihrer entladen.
Jenes bedrängt, dieses erfrischt;
So wunderbar ist das Leben gemischt.
Du danke Gott, wenn er dich presst,
Und dank' ihm, wenn er dich wieder entlässt.

Geheimnisvollstes Organ des Menschen ist das Gehirn mit seinen zwölf Milliarden Zellen. Seine Funktion beruht auf äußerst differenzierten Rhythmen und elektrischen Schwingungen zwischen acht und hundert Hertz. Die kleinste Veränderung unseres Vorstellungsvermögens, auch Zeitangst und Zeitnot, Traumunruhe oder Beruhigung im Schlaf finden ihren Niederschlag in einer Veränderung der Rhythmen im Gehirn. Die wiederum wirken sich aus auf ungezählte andere Regelsysteme unseres Körpers. Wir sind also durch und durch rhythmisch organisiert und gesteuert.

Dem biologischen Rhythmus unseres Körpers entsprechen Zeitabläufe, die unser ganzes Leben gliedern: Tages-, Wochen-, Monats- und Jahresrhythmus. Wer von den Rhythmen seines Körpers weiß, wird sich auf die Rhythmen in der Natur und im Jahresablauf einstellen. Das fällt Großstädtern heute besonders schwer. In unserer künstlich-unnatürlichen Welt nehmen wir den Wechsel der Jahreszeiten viel weniger wahr. Die Gesetze der Wirtschaft gehen über die Festzeiten und besinnlichen Zeiten wie mit einem Bulldozer hinweg. Anfang November findet in den Verkaufspassagen bereits Weihnachten statt, bald nach Weihnachten kommen die Osterhasen. Sonntage werden eingeebnet, das Leben wird zum Gleichmaß der Tage ohne sinnvolle Höhepunkte gemacht. Die Folge sind Rhythmusstörungen, grauer Alltag, ein heilloses Durcheinander, das unseren Körper überfordert und unsere Seele nicht füllt.

Die eigene Zeitgestaltung wird darum immer wichtiger. Sie beginnt damit, dass wir wieder auf die eigenen inneren Rhythmen hören und auf unsere biologische Uhr lauschen. Wir haben von Natur aus einen ausgeprägten biologischen Zeitsinn und eine unbewusste Zeitwahrnehmung. Hinzu kommt eine erkennende, ja intellektuelle „Ich-Instanz", die „der Zeit inne wird" und registriert, dass Zeit vergeht.

Mit jeder Körperzelle wird Zeit erspürt. Wir haben in unserem Körper eingebaute Zählwerke, die uns Zeitfortschritte bekannt geben. Wie gut dieses eingebaute Zeitzählwerk funktioniert, weiß jeder. Wir können uns vornehmen, zu einer bestimmten Zeit aufzuwachen. Wird dieser Vorsatz trainiert, so brauchen wir keinen Wecker. Dieses Erwachen ist um so pünktlicher, je lustbetonter und angenehmer der kommende Tag für uns ist. Vor Reisen wachen wir sogar früher als festgelegt auf – eine Mischung aus Spannung und Vorfreude ist der Grund. Entscheidend ist die Erkenntnis, dass wir es lernen können, die Zeit zu schätzen, und auch zukünftiges Erleben „vorzeitigen" können in Träumen und Gedanken. Je mehr uns von uns selbst und unserem Leben bewusst ist, umso zuversichtlicher können wir unsere Lebenspartitur schreiben.

Wenn wir um den Rhythmus als Grundlage unseres Lebens wissen, achten wir auch auf unseren Biorhythmus. Er bestimmt unsere Leistungsfähigkeit. Sie schwankt im Laufe des Tages. Um die Mittagszeit erreicht sie den Tiefpunkt und steigt ab fünfzehn Uhr wieder an. Heute hat der rhythmusfeindliche Tageslauf fast alle Berufsgruppen in den Strudel der gesundheitsfeindlichen Pausenlosigkeit gezogen. Den Biorhythmus zu missachten schädigt den Körper.

Dieser biologische Tagesrhythmus verändert sich je nach Jahreszeit und gestaltet sich in der Urlaubszeit anders als in den Zeiten höchster Anspannung. Deshalb ist es für die Aufstellung unseres Zeitplanes wichtig, unsere persönliche Leistungskurve zu ermitteln und – wo möglich – bei der Planung der Arbeitszeit, der Schlafzeit und der Freizeit zu berücksichtigen.

Auch die Körpertemperatur schwankt in einem sehr ausgeprägten Tagesrhythmus. Sie erreicht gegen fünfzehn Uhr ihren Höchstwert und nachts gegen drei Uhr ihren Tiefstwert. Unser Puls schlägt mittags rascher als nachts. Der Blutdruck ist am späten Nachmittag am höchsten und sinkt nachts auf ein Minimum. Dasselbe gilt für die Atemfrequenz und Ähnliches für den Sauerstoffverbrauch. Auch die anderen Organe ebenso wie das Blut unterliegen beträchtlichen tageszyklischen Schwankungen. Vormittags zwischen zehn und zwölf liegen die Zeiten des größten Konzentrationsvermögens und nachmittags wieder zwischen fünfzehn und siebzehn Uhr.

Diese genannten und viele weitere Rhythmen sind auf vielfältige Weise voneinander abhängig und bestimmen unsere Leistungsfähigkeit.

Wollen wir unsere Zeit optimal einteilen, müssen wir neben den Rhythmen auch Faktoren wie Stimmung und familiäre Belastung, Motivations- oder Frustrationsgrad und andere kritische Phasen beachten, die unsere Leistungskurve mitbestimmen.

Zur Lebensgestaltung gehört also die Beobachtung aller dieser Rhythmen. Wer nach seiner inneren Uhr lebt, lebt besser und gesünder.

Die Vision unseres Lebens in kleine Schritte umsetzen

Bei der konkreten Aufstellung unseres Lebenszeitfahrplanes empfiehlt es sich, eine eigene Zielhierarchie zu entwerfen. Ganz oben steht die Vision von unserem eigenen Leben, darunter schreiben wir die Etappenziele. Wir können sie untereinander schreiben wie auf die Sprossen einer Zielleiter. Unter den mittelfristigen Zielen, mit denen wir das richtunggebende Lebensziel ansteuern wollen, stehen dann die Kurzziele. Auf der untersten Sprosse ist das Tagesziel zu lesen. Immer wieder müssen wir einhalten und Einkehrzeiten nehmen, um zu prüfen, ob unsere Einzelziele nach oben angebunden sind, ob die Ziele realistisch sind, ob wir die beruflichen oder familiären Beziehungen angemessen integriert und ob wir unsere persönlichen Bedürfnisse und unsere körperliche Verfassung berücksichtigt haben. Daraus ergeben sich dann Handlungsschritte und Zeiteinheiten, deren Vordringlichkeit oder Überflüssigkeit wir bewerten müssen.

Die Aufstellung unseres Lebenszeitfahrplanes in allen kleinen Schritten erfordert ein hohes Maß an Intuition, Kreativität und Fantasie. Um sie zu fördern, können wir die unerschöpflichen Kräfte unseres Unterbewusstseins nutzen. Es arbeitet wie ein genialer Computer und ist nicht nur eindimensional, sondern unendlich vielschichtig programmiert. Es ist außerordentlich zuverlässig.

Zur Gestaltung unserer Zeit nutzen wir am besten die Traumzeit, und zwar nicht nur in den Schlafträumen, sondern auch in der Tagtraumzeit.

Die Erkenntnisse der Traumforschung deuten darauf hin, dass wir den Traum viel zu wenig in den Dienst unserer Lebensgestaltung nehmen. Ein Drittel unseres Lebens schlafen wir. Jeder träumt einhunderttausend Träume in seinem Leben, durchschnittlich vier pro Nacht. Hinzu kommt noch die Zeit für unsere Tagträume. Alle paar Minuten klinken wir uns für fünf bis vierzehn Sekunden aus und entfliehen in das Reich der Fantasie und schöpferischen Kreativität.

Tag- und Nachtträume sind nicht nur Fluchthelfer, sondern unverzichtbare Helfer für unsere Lebensgestaltung.

Sie vermitteln uns wichtige Erkenntnisse. Unser Unterbewusstsein ist ständig auf der Suche nach Lösungen anstehender Fragen und Konflikte. Alles, was uns im bewussten Leben vergewaltigt, findet im Traum eine grenzüberschreitende Dimension. Die Zeitforscher nennen sie die „Ewigkeits- oder Unvergänglichkeitsdimension". In wenigen Sekunden läuft im Zeitraffertempo das Erleben vieler Jahre ab. Wir blicken zurück in die Vergangenheit und erheben uns mit kühnen Gedanken- und Fantasieflügen in die Zukunft. Träumend dringen wir in übersinnliche Erkenntnis- und Erlebnisdimensionen vor.

Die Zeit wird zum Punkt, zum inneren Augenblick. Wir erhalten völlig neue Einsichten, vorausschauende Erkenntnisse blitzen auf. Sie sind von unglaublicher Tragfähigkeit. Träume schaffen eine geniale Zeitsynthese und vermitteln uns tiefste Erkenntnisse, die wir durch das ausgeklügeltste Nachdenken und durch gewagteste Spekulationen nicht erlangen können.

Aus allen Religionen sind uns die „Seher" bekannt, sind uns die Träume als Medium göttlicher Offenbarungen und Aufträge vertraut. Träume sind keineswegs Schäume! Die Volksweisheit weiß das besser. „Leg dein Buch unters Kopfkissen!", sagt sie. Ich habe damit viele gute Erfahrungen gemacht. Da „sackt" nicht nur das Gelesene oder Gedachte, da ordnet und klärt es sich. Der biblische Satz „Den Seinen gibt's der Herr im Schlaf" steht ebenso für die geniale Arbeit unseres Unterbewusstseins, das an und mit uns arbeitet.

Tagträume können wir für eine kreative und effektive Zeitplanung nutzen. Was wie Zeitvergeudung aussieht, entpuppt sich als ein hervorragendes Mittel gegen die permanente Zeitnot, gegen Hetze und Stress. Ich selbst praktiziere das. Vor großen Vorträgen, Predigten oder wichtigen Sitzungen tauche ich ab in einen Tagtraum. Entspannt kehre ich zurück und kann gelassener mit schwierigen Situationen fertig werden. Diese kurzen Zeiten des meditativen Versinkens vermitteln nützliche Botschaften und Erkenntnisse. Sie stabilisieren das Gemüt, geben Ruhe und Seelenfrieden selbst in turbulenten Augenblicken. Loslassen bedeutet auch hier gewinnen!

Dem Stress vorbeugen

Zur Kunst der kleinen Schritte auf eine Zeitplanung hin empfiehlt es sich, ein Zeittagebuch anzulegen. Zunächst sollten wir die Durchschnittswerte der täglichen und wöchentlich anfallenden Aufgaben ermitteln. Danach brauchen wir Kategorien für unseren Einsatz an Zeit: Planungs-, Lese-, Schreib-, Besprechungs-, Telefon- und Reisezeit. Wichtig ist dabei, die anspruchsvollen Tätigkeiten in die Hochphasen unserer Leistungsfähigkeit zu legen. Dabei ist zu beachten, dass wir uns in der Regel nicht länger als neunzig Minuten intensiv auf eine Sache konzentrieren können. Deshalb brauchen wir Kontrastprogramme, um unsere Konzentration aufzufrischen.

Zur Aufstellung unseres Zeitplanes gehört es, die Störfaktoren zu bedenken. Zu den häufigsten Störungsarten gehören unangemeldete Besucher, Anrufe, das Suchen schwer auffindbarer Schriftstücke, Verkehrsstaus.

Günther Feyler hat einige Fragen formuliert, die uns helfen können, einen eigenen Zeitfahrplan aufzustellen: Was mache ich besonders gern? Was muss ich unbedingt tun? Was ist mir dabei unangenehm? Wie kann ich lästige Arbeit schneller erledigen? Was ist im Augenblick das Wichtigste für mich? Wofür möchte ich in Zukunft mehr Zeit haben? Was sind meine „Zeitsünden"?

An diesen und weiteren Fragen können wir dann unsere ein- bis zweiwöchige Zeitinventur messen. Dabei muss die „Ich-Zeit" ganz besonders berücksichtigt werden. Sie wird immer wichtiger, fast überlebenswichtig. Wir können nicht nur planen, vorausschauen und rechnen. Wir brauchen Augenblicke, in denen wir unseren Tageslauf überdenken, zurückverfolgen und vorausplanen. Wir können von den Nonnen und Mönchen lernen, die solche „Einkehrzeiten" seit Jahrtausenden in festgelegten Stundengebeten einhalten. In der Stille wachsen gute Gedanken, reifen Entscheidungen für Veränderungen, Willenskraft und stärkendes Selbstbewusstsein.

Zwischenbilanzen sind heilsam. An unserem begrenzten Zeitvorrat zerren so viele, die uns oft genug in die Zeitzwickmühle bringen. Dagegen hilft nur eine ruhige Überlegung, was ich jetzt kann und was ich jetzt nicht will, wie ich der Familie, der Firma oder einem Verein gerecht werde, was ich für Freunde tun kann und will.

Eine schonungslose Zeitinventur ist nicht lieblos

oder gar unmenschlich. Sie hilft uns, bewusster zu leben, klarer zu sein, mehr Zeit für Wichtiges zu haben und Unwichtiges beiseite zu stellen, unsere Zeitnot zu erkunden und unsere Zeitkonflikte ehrlich zu betrachten. Das alles dient der Setzung von Prioritäten, also der Umsetzung meiner Vision vom Leben in kleine Schritte. Kalenderfragen sind Prioritätenfragen. In einem „Dekalog der Gelassenheit" hat Papst Johannes XXIII. geschrieben: „Nur für heute werde ich ein genaues Programm aufstellen. Vielleicht halte ich mich nicht genau daran, aber ich werde es aufsetzen. Und ich werde mich vor zwei Übeln hüten: vor der Hetze und der Unentschlossenheit. Heute ist es mir gegeben, das Gute während zwölf Stunden zu wirken."

Für unsere Zeitinventur ist es wichtig zu bedenken, von wem ich Anerkennung und Wertschätzung erfahre und welchen Menschen ich Zuwendung geben kann. Dazu gehört eine gehörige Portion positiv verstandener Egoismus. Er setzt mich instand, ich selbst zu sein und ganz ich selbst zu bleiben, wenn ich etwas für andere tue. So werde ich es auch bestimmt besser tun. Das Genießen und „Verschwenden" von Zeit sind dann keine Gegensätze zu einer effektiven Zeitgestaltung. Die Zeitkategorien, die meistens zu kurz kommen in der Atemlosigkeit unseres Lebens, sind die Ich-Zeit und die Streicheleinheiten. Ihnen sollten wir einen besonderen Stellenwert geben.

Zu den Hauptursachen für Zeitverschwendung

gehören eine unklare Zielsetzung, falsche Prioritäten, mangelnde Delegation von Aufgaben, unklare Entscheidungen, die Unfähigkeit zuzuhören
und der besondere Sprachfehler, unter dem viele
leiden: Sie können nicht Nein sagen. Hinzu kommt
der unangemessen hohe Konsum von Fernsehen
und nur zerstreuender Literatur. Gefährliche An-
zeichen einer schlechten Zeitplanung sind emsige
Geschäftigkeit, übertriebene Hektik, eiliger Gang,
Weitschweifigkeit in Gesprächen und beim Telefonieren. Betonte Aktivität ist oft eine Schutzreakti-
on vor Unsicherheit und Zweifeln.

Das Wichtigste bei einer sinnvollen Zeitplanung
ist, dass wir uns Pufferzeiten schaffen. Solche Zeit-
reserven gehören zum Geheimnis einer bewussten
Organisation des eigenen Lebens. Sie sollten bei
Arbeitenden dreißig Prozent der gesamten Arbeitszeit betragen. Pufferzeit dient als Vorbereitungs-
und Nachbereitungszeit, ist notwendig für Un-
vorhergesehenes und für die Reaktion auf aktuelle
Herausforderungen.

„Legen Sie mehr Zeit in Ihre Arbeit als Arbeit
in Ihre Zeit", mahnt der Dichter Friedrich Dür-
renmatt zu Recht. Plane ich Pufferzeiten ein, ver-
liere ich keine Zeit, sondern gewinne sie. In ruhiger
Überlegenheit vollbrachte Arbeit macht glücklicher
als hektisch vollzogene und gelingt besser. In den
Pufferzeiten weitet sich der Horizont. Ich sehe
dann auch meine Zeitdiebe klarer, kann mich ihnen stellen.

Eine sinnvolle Regel für die Zeitplanung lautet: Tu das Wichtigste zuerst. Die drei wichtigsten Dinge stehen oben an der Spitze. Sie sollten als Erstes erledigt werden. Sind es schwierige Angelegenheiten, müssen wir den Biorhythmus beachten.

Eine wichtige Entscheidung bei der Aufstellung des Tagesplanes ist die Antwort auf die Frage, was wir alles *nicht* tun wollen. Sie begründet unsere Souveränität im Umgang mit der Zeit und unsere Flexibilität bei der Setzung von Prioritäten. Einer der größten Zeitdiebe ist die Unentschlossenheit. Deshalb mutig und klar entscheiden!

Ein besonderer Zeitdieb ist das Telefon. Unkontrolliertes Telefonieren kostet viel Zeit. Ich muss klar unterscheiden, was ich mit einem Anruf bezwecke: Information oder Kommunikation. Die „Telefonitis" ist im Handy-Zeitalter zu einer Zeitkrankheit geworden. Es wird zu viel, zu weitschweifig, mit unklaren Informationsabsichten und in der Freude am Monolog telefoniert, wo es um reine Mitteilungen oder Verabredungen geht. Davon muss das Telefonieren aus Einsamkeit deutlich unterschieden werden. Hier bietet sich das Telefon als Medium intensiver Kommunikation geradezu an. Telefongespräche bauen Brücken und helfen, aus der Isolation zu befreien. Telefonketten bei älteren und an ihre Wohnung gefesselten Menschen werden viel zu wenig abgesprochen. Der morgendliche „Kontrollruf" kann zum Lebenswecker und zum freundlichen „Guten-Morgen-Gruß" werden.

Stress erwächst aus Zeitnot und schlecht kon-trollierter Zeiteinteilung. Wer gestresst ist und sich jagen lässt, spürt sein zusammengepresstes Herz, den falschen Atemrhythmus, leidet unter Schlaflo-sigkeit. Die Angina pectoris ist heute die häufigste Stressfolge. „Ich will endlich wieder einmal Zeit für mich selbst haben", ist der Notschrei der Stress-geplagten. Günther Feyler empfiehlt zur Therapie drei goldene Regeln:

1. Dran bleiben, wo es Spaß macht. Die ungelieb-ten Tätigkeiten überprüfen, Abstriche machen, neue Motivationen suchen durch die Frage nach dem Sinn und dem Ziel unserer Tätigkeiten.
2. In angemessenem Tempo arbeiten! Nicht zu viel in den Tag hineinpacken, eine als angenehm empfundene „Dauergeschwindigkeit" finden, die unserem inneren Rhythmus entspricht. „Wer ständig in Eile ist, kann nicht würdevoll einher-gehen", sagt ein chinesisches Sprichwort.
3. Immer öfter einmal abschalten! Kurzes Aus-steigen in Tagträume, Übungen zur Meditati-on und Tiefenentspannung machen, autogenes Training nutzen, Bewegungstraining (z. B. auf dem Trimmrad oder Trampolin) und Dehn- und Atemübungen durchführen.

Zeitplanung und Zeitgestaltung gehören zu den schwierigsten Problemen unseres Lebens. Für Berufstätige wird es immer wichtiger, sich gegen Zeitdruck und immer schneller werdendes Tempo zu wehren und zu wappnen. Für diejenigen, die nicht oder nicht mehr unter dem Diktat anderer und fremdbestimmter Zeitplanung leben, wird die freiwillige und eigenständige Zeit- und Selbstorganisation im Sinne eines gesunden Lebensrhythmus immer dringlicher. Dabei sollten wir uns nicht fremden Regeln unterwerfen, sondern eigene finden. „Dann", so schreibt der französische Schriftsteller Alexandre Dumas, „wirst du im Alter sagen können: Ich habe gelebt; und nicht: Ich hätte leben können."

Hilfreich ist auch eine alte irische Weisheit:

Nimm dir Zeit, um zu arbeiten,
es ist der Preis des Erfolges.
Nimm dir Zeit, um nachzudenken,
es ist die Quelle der Kraft.
Nimm dir Zeit, um zu spielen,
es ist das Geheimnis der Jugend.
Nimm dir Zeit, um zu lesen,
es ist die Grundlage des Wissens.
Nimm dir Zeit, um freundlich zu sein,
es ist das Tor zum Glücklichsein.
Nimm dir Zeit, um zu träumen,
es ist der Weg zu den Sternen.
Nimm dir Zeit, um zu lieben,
es ist die wahre Lebensfreude.
Nimm dir Zeit, um froh zu sein,
es ist die Musik der Seele.

Glücklich leben in Beziehungen

Glück finden wir nie allein. Glücklich werden wir nur im Miteinander. Wir sind auf das Du hin geschaffen. Wer nur selbst und allein glücklich werden will, wird lieblos, herzlos und kalt. Wer nur andere glücklich machen will und ständig von sich selbst und seinem Glück absieht, opfert sich auf, wird ausgebrannt und leer. Sich und sein Glück im Glück des anderen zu finden, das ist Liebe.

Wenn ich mich vergewissern will, was Glück für mich und andere bedeutet, schaue ich gern in die alten irischen Segenswünsche. Sie nennen das Segen, was wir heute als Glück bezeichnen. Segen ist in ihnen alles, was mich mit anderen verbindet, mit den Menschen neben mir und der alten Erde, mit den Vögeln und dem Regen. Die Weisheit der Jahrhunderte, die Lebenserfahrung in Glück und Unglück, die Schönheit des Lebens wird in ihnen verdichtet.

Der folgende Segenswunsch ist ein Glückwunsch aus dem Jahre 1692, den man an einer Kirchentür in Irland fand. Er beschreibt, wie ein gelingendes Leben und das Glück in tiefen Beziehungen aussehen kann:

Geh deinen Weg ruhig – mitten in Lärm und Hast – und wisse, welchen Frieden die Stille zu schenken vermag. Steh mit allen auf gutem Fuße, wenn es geht, aber gib dich selber nicht auf dabei.

Sage deine Wahrheit immer ruhig und klar und höre die anderen auch an, selbst die Unwissenden, Dummen – sie haben auch ihre Geschichte.

Laute und zänkische Menschen meide. Sie sind eine Plage für dein Gemüt.

Wenn du dich selbst mit anderen vergleichen willst, wisse, dass Eitelkeit und Bitterkeit dich erwarten. Denn es wird immer größere und geringere Menschen geben als dich.

Freue dich an deinen Erfolgen und Plänen.

Strebe wohl danach weiterzukommen, doch bleibe bescheiden. Das ist ein guter Besitz im wechselnden Glück des Lebens.

Übe dich in Vorsicht bei deinen Geschäften. Die Welt ist voll Tricks und Betrug. Aber werde nicht blind für das, was dir an Tugend begegnet.

Sei du selber, vor allem heuchle keine Zuneigung, wo du sie nicht spürst. Doch denke nicht verächtlich von der Liebe, wo sie sich wieder regt. Sie erfährt so viel Entzauberung, erträgt so viel Dürre und wächst doch voller Ausdauer, immer neu, wie das Gras.

Nimm den Ratschluss deiner Jahre mit Freundlichkeit an. Und gib deine Jugend mit Anmut zurück, wenn sie endet.

Pflege die Kräfte deines Gemüts, damit es dich schützen kann, wenn Unglück dich trifft, aber überfordere dich nicht durch Wunschträume. Viele Ängste entstehen durch Enttäuschung und Verlorenheit.

Erwarte eine heilsame Selbstbeherrschung von dir. Im Übrigen aber sei freundlich und sanft zu dir selbst. Du bist ein Kind der Schöpfung, nicht weniger als die Bäume und Sterne es sind. Du hast ein Recht darauf, hier zu sein.

Und ob du es merkst oder nicht, ohne Zweifel entfaltet sich die Schöpfung so, wie sie es soll.

Lebe in Frieden mit Gott, wie du ihn jetzt für dich begreifst.

Und was auch immer deine Mühen und deine Träume sind in der lärmenden Verwirrung des Lebens, halte Frieden mit deiner eigenen Seele.

Mit all ihrem Trug, ihrer Plackerei und ihren zerronnenen Träumen – die Welt ist immer noch schön!

Sich auf das Alter rechtzeitig einstellen

Zu unserer Lebensplanung gehört die frühzeitige innere Vorbereitung auf das Alter. Bis vor Kurzem ging man von drei Phasen unseres Lebens aus: Kindheit und Jugend, Erwachsenendasein mit der Berufstätigkeit und Ruhestand, der einem Stillstand gleichkam. Diese starre Einteilung muss überwunden werden. Sie ist viel zu schematisch: Sie reduziert die erste Phase als nur vorbereitende Zeit, die auf das „eigentliche" Leben hinzielt, und sie entwertet die dritte Phase als minderwertige Zeit des Niedergangs. Ihr liegt auch eine einseitige

Bewertung und unangemessene Hochschätzung der Erwerbsarbeit zugrunde, die die nicht bezahlte Arbeit der Mutter, die Familien- und Nachbarschaftshilfe für alte und kranke Menschen, die vielfältige ehrenamtliche Arbeit und die Arbeit der Seele abqualifiziert. Ursache dafür ist auch, dass der Wert eines Menschen einseitig nach seiner beruflichen Leistung, seinem Gehalt und Vermögen, nach seinen sichtbaren Erfolgen und äußeren Statussymbolen beurteilt wird.

Altersgrenzen sind inzwischen sehr viel fließender, ja unwichtiger geworden. Wir leben unser Leben sehr viel flexibler und selbstbestimmter. Es gleicht einer kontinuierlichen Reise von einem geistigen Ort zum anderen, von einer Phase zur anderen. Die soziale „Uhr", die auch heute noch im öffentlichen Bewusstsein tickt und uns anzeigt, wann die Zeit zum Heiraten oder für den Ruhestand gekommen ist, wird immer mehr ersetzt durch die eigene innere Uhr, auf die wir in den fließenden Grenzen und Übergängen achten und die zu eigenen Entscheidungen herausfordert. Falsch ist es auch, neue Grenzen innerhalb der dritten Phase, der des Alters, zu ziehen und zwischen den „jungen Alten" (60- bis 70-Jährige) und den „alten Alten" (über 70-Jährige) zu unterscheiden. Jede Einteilung grenzt nicht nur ab, sondern auch aus. Sie wirkt schematisch, etikettiert und reglementiert. Der Volksmund weiß es besser, wenn er sagt: „Man ist so alt, wie man sich fühlt." Altern und Alter sind mehr eine Frage geistiger und körperlicher Verfassung als eine Frage der Jahre.

Jede Lebensphase hat ihren Wert und ihre Chancen in sich; sie alle sind aber Stufen, die wir ersteigen auf unserer Wanderung durch diese Zeit.
„Leben ist nicht ein Sein, sondern ein Werden", sagt
Martin Luther treffend. Wir sind nie fertig, lernen
nie aus, wohl aber lernen und wachsen wir lebenslang, auch bis ins hohe Alter und bis zum letzten
Atemzug. Wird dieses Bewusstsein akzeptiert und
von vielen praktiziert, dann wird das immer noch
vorherrschende negative Bild des Alters in ein positives Bild verändert und die tiefen Ängste vor ihm
werden abgebaut. Die zum Kult gewordene Hochschätzung der Jugend, in den Dienst der Werbung
gestellt und ideal zum Vermarkten, wird relativiert. Begriffe wie „altes Eisen" (das ja bekanntlich
rostet!), Assoziationen zum Alter wie „unnütz",
„unbrauchbar", „wertlos" werden nach und nach
verschwinden. Nicht nur jede Zeit, sondern auch
jedes Alter ist unmittelbar zu Gott, hat seinen Wert
und seine Würde in sich. Wer das versteht, hat es
leichter, alt zu werden. Er kann sich zu seinem Alter
bekennen. Das Alter kann er als Zeit der Reife und
als Chance begreifen.

Der inneren Vorbereitung auf das Alter muss die
praktische entsprechen. Zu einer sinnvollen Gestaltung der dritten Lebensphase ab 50, die inzwischen
zur zweiten Lebenshälfte geworden ist, gehört,
dass wir körperlich und geistig aktiv bleiben.

Vom Danken und Loben

Das Leben als Geschenk erfahren

Ich danke Gott und freue mich
Wie's Kind zur Weihnachtsgabe,
Dass ich bin, bin! Und dass ich dich,
Schön menschlich Antlitz habe;

Dass ich die Sonne, Berg und Meer
Und Laub und Gras kann sehen,
Und abends unterm Sternenheer
Und lieben Monde gehen;

Und dass mir denn zu Mute ist,
Als wenn wir Kinder kamen
Und sahen, was der heil'ge Christ
Bescheret hatte, Amen!

Mit diesem Gedicht gibt uns Matthias Claudius
ein besonders schönes Beispiel für unbeschwertes,
ursprüngliches Danken. Wir Erwachsenen tun
uns damit heute schwer. Für uns ist vieles selbstverständlich geworden. Alles erscheint uns heute möglich und machbar, menschlich, technisch,
wirtschaftlich. Alles ist erklärbar. Wir wissen, wer
für uns Gutes getan und bewirkt hat. Brot kommt
aus der Bäckerei, das technische Wunderwerk eines

Autos aus der Fabrik, die Liebe ist hormonell-psy-
chologisch zu analysieren. Für das Staunen bleibt
wenig Raum, Wunder sind von vorgestern, der
Glaube an den Geber aller guten Gaben ist un-
sichtbar und nicht zu beweisen. Und wir sind sehr
satt, übersättigt mit äußeren Gütern, zugedeckt
vom Wohlstand.

Aber das alles macht nicht satt im tieferen Sinne.
Es überschwemmt geradezu das Grundgefühl der
Dankbarkeit für ein Leben, das als ein Geschenk
und eine Gabe auf Zeit verstanden wird, ein Leben,
an dessen Ende der Mensch in Frieden, „alt und
lebenssatt" sterben kann, wie es in der Bibel heißt.
Wer dankt, sieht und hört mehr. Er versteht besser:
sich selbst als einen Beschenkten und Begabten,
andere als ebenso Beschenkte und zugleich noch
ganz anders Begabte, er erfährt die Schönheiten der
Welt und der Natur, der Musik, der Worte und des
menschlichen Geistes.

Dem Dankbaren ist nichts selbstverständlich. Er
versteht auch das tägliche Brot als Geschenk. Mich
erinnert das an die Zeiten, als noch der Mangel
an Lebensmitteln herrschte und uns eingeschärft
wurde: „Wirf nie ein Stück Brot weg, es ist kostbar!" In vielen Familien stand ein Brotteller aus
Holz. Auf dem Rand war geschnitzt: „Unser täglich
Brot gib uns heute." Ein Stück Brot war köstlich, es
war ebenso Gabe des Schöpfers wie Frucht der Erde
und menschlicher Arbeit. Es wurde geehrt. Und in
dem einen Stück Brot war alles enthalten, was wir

zum Leben brauchen: äußerer und innerer Friede, ein Dach über dem Kopf und Freunde, sich nicht mehr ängstigen müssen vor Krieg und Gewalt. Brot ist das elementarste Symbol für Menschen, die mehr als Empfangende denn als Machende leben.

Der Dank, der aus dem Herzen kommt, wirkt Wunder manchmal sogar bei denen, die das Danken verlernt haben. In jedem Falle gehört heute Mut dazu, dankbar zu sein, der Mut, die Gaben und Erfahrungen allesamt als Geschenk anzunehmen. Das wandelt Menschen, die diese Haltung einnehmen. Es wandelt aber zugleich die anderen Menschen.

Danken ist vom Loben nicht zu trennen. Bei einem Taufgespräch sagte ein Vater: „Ich brauche den Taufstein, zu dem ich meinen Dank tragen kann." Darauf sagte die Ehefrau und Mutter des Täuflings enttäuscht zu ihrem Mann: „Aber *mir* zu danken hast du vergessen!" Ich antwortete: „Dank lässt sich nicht auseinanderrechnen: zuerst Gott und danach auch den Menschen. Das eine übt sich im anderen ein. Vielleicht ist es sogar eins."

Wer das versteht, der öffnet sich und dem öffnen sich Horizonte.

Ich denke an den großartigen Sonnengesang von Franz von Assisi, in dem er die Schwester Sonne und den Bruder Mond besingt:

Höchster, allmächtiger, gütiger Herr,
Dein sind der Lobpreis, die Herrlichkeit,
die Ehre und jegliche Segnung.
Dir allein, Höchster, gebühren sie,
und kein Mensch ist würdig,
deinen Namen zu nennen.
Gelobt seist du, Herr,
mit allen deinen Geschöpfen,
besonders mit der Frau Schwester Sonne,
welche der Tag ist,
und durch die du uns leuchtest.
Und sie ist schön und strahlend mit großem Glanze;
von dir, Höchster, trägt sie den Sinn.
Gelobt seist du, Herr,
für Bruder Mond und die Sterne.
Du hast sie im Himmel gebildet,
hell, köstlich und schön.
Gelobt seist du, Herr,
für Bruder Wind und für Luft und Wolke
und Himmelsblau und jedwedes Wetter,
wodurch du deine Geschöpfe erhältst.
Gelobt seist du, Herr,
für Schwester Wasser,
gar nützlich ist es
und demütig und köstlich und rein.
Gelobt seist du, Herr,
für Bruder Feuer,
durch das du die Nacht erleuchtest,
schön ist es und fröhlich
und rüstig und stark.

Gelobt seist du, Herr,
für unsere Schwester, die Mutter Erde,
die uns erhält und uns leitet
und mancherlei Früchte hervorbringt.
Gelobt seist du, Herr,
für alle, welche verzeihen aus Liebe zu dir,
und Krankheit ertragen und Not;
selig, die ausharren in Frieden,
denn sie werden, Höchster,
durch dich die Krone empfangen.
Gelobt seist du, Herr,
für unsere Schwester, das leibliche Sterben,
dem kein lebender Mensch entrinnen kann.
Wehe jenen, die sterben in schweren Sünden.
Selig, die deinen heiligsten Willen sich fügen,
denn der zweite Tod wird ihnen kein Leid antun.
Lobet und preiset den Herrn und sagt ihm Dank
und dient ihm in großer Demut.

Der Sonnengesang ist nun bald achthundert Jahre
alt und hat nichts von seiner Ausdruckskraft verloren. Im Gegenteil: Er kommt unserer Sehnsucht
nach Verbundenheit mit Natur und Schöpfung entgegen, ein schlichter, aber sehr tiefer Ausdruck der
Geschwisterlichkeit mit den Gestirnen, Elementen
und Mitgeschöpfen. Heute wird er in allen Ländern
der Erde und besonders von jungen Menschen gern
gebetet und gesungen.

Jeder Mensch sehnt sich nach Lob und Anerkennung. Wie wir zu wenig danken, so sind wir auch

geizig mit dem Lob für andere. Ich ärgere mich jedes Mal, wenn in Gesprächen als Erstes kritische Bemerkungen gemacht werden. Das zeigt nur, wie Menschen in sich selbst gefangen sind. Will ich andere befragen und kritisieren, sollte das erste Wort ein positives sein. So baue ich eine Brücke. Wenn wir einen anderen loben, wird unsere Kritik sachlich und nie verletzend sein, dann werden Anfragen zugleich aufrichtig, dann bauen wir auf. Indem wir andere niedermachen, machen wir uns selbst kleiner.

Die Seele von Kindern wird verdorben, wenn Eltern und Lehrer mit Lob sparen oder es ganz unterdrücken. Loben muss man trainieren. Vor Jahren sah ich häufig den Autoaufkleber mit der mahnenden Frage: „Hast du dein Kind heute schon gelobt?" Das Kind steht hier nur stellvertretend für alle Menschen. Der Hunger nach Lob wird immer größer. Unser Loben muss jedoch aufrichtig sein. Falsches Lob hilft dem anderen nicht weiter und vergiftet die Beziehungen. Aufrichtiges Lob kommt aus dem Herzen, falsches Lob aus dem Mund! Das eine ist selbstlos, das andere selbstsüchtig. Schmeichelei ist wie Falschgeld. Liebevolles Loben darf nie pauschal sein. Es erwächst aus dem Bestreben, das Gute in jedem Menschen zu entdecken und zu stärken. Es muss sich immer auf bestimmte Eigenschaften, Ereignisse und Leistungen beziehen. Dann bewirkt es Strahlen auf beiden Seiten, Einklang und ein tiefes Einverständnis. Der Gelobte

fühlt sich erhoben und motiviert. Geteilte Freude
ist doppelte Freude.

Danken und Denken gehören zusammen

„Wie ein Mensch in seinem Herzen denkt, so ist er."
Diese alte Weisheit aus den Sprüchen Salomos verdichtet die Erfahrungen ungezählter Menschen.

Ich denke an die Erfahrungen, die wir an Wen-
depunkten, in Schwellensituationen und beim
Aufbrechen zu neuen Ufern machen. Wir stehen
dann zwischen Abschied und Neuanfang, schau-
en zurück in vertrautes und zugleich nach vorn in
noch unbekanntes Land. Das macht unsicher und
lässt uns Ausschau halten nach Kräften, die uns
sichere Schritte tun lassen. Der Jahreswechsel ist
eine typische Schwelle, auf der sich unser Leben
verdichtet.

Wir können ein neues Jahr in ganz unterschied-
licher Stimmung beginnen. Wenn wir keine ober-
flächlichen Menschen sind, denen Sekt und Knallerei genügen, dann machen wir uns vielleicht Sorgen.
Die Lage in der Welt gibt kaum Anlass zu freudigen
Erwartungen. Meine persönlichen Verhältnisse
sind vielleicht eher bedrückend.

Eduard Mörike zeigt uns mit seinem Neujahrs-
gedicht, das für mich zu den schönsten Gedichten
gehört, einen anderen Weg. Er blickt weg von sich
selbst und zum Vater, der den Himmel bewegt und

der in jedem neuen Jahr den Menschen begegnen
will. Alles wird auf die stillen und inständigen Tö-
ne des Jauchzens gestimmt. Wenn ich mein Leben
vertrauensvoll in die Hände des Vaters legen kann,
dann habe ich die eigenen Hände und das Herz frei
von der Sorge um mich selbst.

Zum Neuen Jahr

Wie heimlicher Weise
ein Engelein leise
mit rosigen Füßen
die Erde betritt,
so nahte der Morgen.
Jauchzt ihm, ihr Frommen,
ein heilig Willkommen!
Ein heilig Willkommen,
Herz, jauchze du mit!

In ihm sei's begonnen,
der Monde und Sonnen
an blauen Gezelten
des Himmels bewegt.
Du, Vater, du rate!
Lenke du und wende!
Herr, dir in die Hände
sei Anfang und Ende,
sei alles gelegt!

Wenn ich dieses Vertrauen verinnerliche, sehe ich

die Welt und mich anders und neu. Für alles ist gesorgt und ich möchte mit für alles sorgen. Wenn wir Vertrauen haben, können wir mit Mut und Kraft den Schwierigkeiten und Herausforderungen unseres Lebens begegnen. Vertrauen und Loben machen uns stärker.

Wer nicht positiv denkt und dankbar ist, der wird nur Grund zum Klagen finden. Sieht einer schwarz, dann denkt er klein von sich und schlecht von den anderen. Wer nur kritisiert, wird depressiv. Wer die Welt nur unter negativen Vorzeichen sieht, findet keine Gründe mehr zum Danken. Er verkriecht sich immer mehr in das Schneckenhaus seines Ichs, interessiert sich nicht für andere. Dadurch bekommt er immer mehr Schwierigkeiten und fügt anderen Schaden zu, ohne es zu wollen. Die Kräfte zur Selbsthilfe sterben ab. Psychologen haben festgestellt, dass heutige Menschen etwa fünfundneunzig Prozent ihrer Zeit damit zubringen, an sich selbst zu denken. Sie sind Gefangene ihrer selbst, kreisen nur um sich und finden daraus keinen Ausweg.

Wer positiv denkt, sieht zuerst das Gute, Schöne und Große und ordnet dann die schlechten Erfahrungen in diese Sicht ein. Natürlich ist die Welt nicht heil, die Natur nicht frei vom Kampf ums Überleben, der Mensch nicht immer gut. Dennoch: Wer positiv denkt, morgens als Erstes einen schönen Gedanken fasst, anderen als Erstes ein gutes Wort sagt, sich wohlfühlen will, sich schön anzieht, spürt die Kraft eines lebendig machenden Geistes und die Frische neuen Lebensmutes in sich. Er begrüßt dankbar den neuen Tag und nimmt sich vor, als letztes Wort vor dem Einschlafen „Danke" zu sagen. Dann wird er erleben, dass er am Tage auch die vielen kleinen Anlässe zur Freude, die guten Worte in den belanglosen, das Erfreuliche in allem Belastenden entdeckt. Er wird sensibler im Denken, nachdenklicher und fähiger, aus sich herauszugehen und sich in andere hineinzuversetzen.

Danken an den Tiefpunkten des Lebens

Viele Menschen denken beim Danken an Gutes, Schönes, an alles, was sie beglückt und bereichert. Die größere und schwerere Kunst besteht darin, auch das Schwere, Schmerzen, Sorgen und Trauer in den Dank einzuschließen. Das müssen wir lebenslang lernen, bleiben darin Stammelnde, Zweifelnde, immer Suchende. Wir wehren uns gegen die Krankheit, die der Arzt plötzlich bei uns entdeckt. Wir hadern mit dem Schicksal oder mit Gott, wenn uns Leid zugefügt wird, uns Unrecht geschieht, unsere Wünsche nicht in Erfüllung gehen. Wir revoltieren, wenn uns ein lieber Mensch genommen wird, wollen verstehen und können nicht. Dank? Der bleibt uns in der Kehle stecken, wenn das Herz zugeschnürt ist. Dann ist die Zeit zum Klagen da. Dann tut es gut, zu weinen und den Tränen freien

Lauf zu lassen. Es scheint unmenschlich, in solchen
Zeiten von Dank zu reden.

Dennoch beginnt schon mit der Klage die Arbeit
der Seele, das Erlittene und Schwere anzunehmen.
Ich besuchte eine ältere Frau im Krankenhaus. Seit
fünf Tagen wusste sie, dass sie Krebs hatte, unheil-
bar. Sie war völlig durcheinander, der Boden unter
ihren Füßen war ihr weggerissen. Sie erzählte immer wieder von einem Gespräch mit einer Freundin, die ihren Mann und eine ihrer beiden Töchter
verloren hatte. Die habe zu ihr gesagt: „Du musst
nicht immer fragen, warum, warum. Warum das,
warum mir das? Frage lieber: wozu?" Sie verstand
dieses „wozu" nicht, war noch nicht so weit, sich
bewusst auf die noch verbleibende Zeit auszurich-
ten, jeden Tag intensiv zu leben und zu gestalten,
Unwichtiges nicht mehr zu tun, sich mit dem Sohn
zu versöhnen. Behutsam lenkte ich ihre verwirrten
Gedanken in eine solche Richtung. Nach und nach,
ganz langsam verstand sie, was das meint: „Frag
nicht: warum? Frag lieber: wozu?"

Wenn der Dank in die Tiefen des Lebens reichen
und aus der Tiefe des Herzens wieder aufsteigen
soll, dann muss ich selbst zum Danken finden. Andere können mir einen Weg zeigen. Gehen muss
ich ihn selbst. Er führt immer durch Dornen und
einsames, wegeloses Gelände. Um mich nicht zu
verlieren und noch weiter zu verletzen, brauche ich
ein Ziel, zu dem ich mich durchkämpfe. Für mich
ist das Gebet von Eduard Mörike solch ein Ziel:

Herr! Schicke, was du willst,
ein Liebes oder Leides;
ich bin vergnügt, dass beides
aus deinen Händen quillt.

Wollest mit Freuden
und wollest mit Leiden
mich nicht überschütten!
Doch in der Mitten
liegt holdes Bescheiden.

Aus ihm spricht der Wunsch und die eigene Willenskraft, Freude und Leid zusammenzuhalten, die wie zwei feindliche Mächte erscheinen. Zum Leben gehören sie beide hinzu. Leid meiden, fliehen hilft niemandem. Ich kann es nur annehmen, wenn ich mein ganzes Leben mit Freud und Leid als Geschenk verstehe und weiß, dass mir Glück nicht selbstverständlich und rechtmäßig zusteht.

Das Glück, Freunde zu haben

Jeder Mensch sehnt sich danach, anerkannt, verstanden und geliebt zu werden. Freunde zu haben ist ein großes, aber auch seltenes Glück. Matthias Claudius sagt: „Es gibt einige Freundschaften, die im Himmel beschlossen und auf Erden vollzogen werden."
Freundschaft ist ein schönes und schwieriges,

riskantes und zartes Geschenk. Wir müssen ihm gewachsen sein. Eltern und Geschwister hat man, Freunde sucht man sich aus. Das ist die Chance, aber es ist auch immer ein Risiko.

Die Freundschaft lebt von Offenheit und Vertrauen. Dazu können wir viel tun. Ich habe in meinem Leben erfahren, dass es für den Umgang mit Menschen ein Mittel gibt, das nichts kostet, aber garantiert wirkt: Zeige du ihnen, dass du sie gern hast. Spüren sie, dass du ihnen ehrlich zugewandt bist, dich für sie wirklich interessierst, dass du sie bedingungslos annimmst (so wie sie sind), nehmen sie dir Lob, aber auch Kritik ab. Freust du dich mit, wenn sie sich freuen, schweigst du mit, wenn sie verstummen, bleibst du bei ihnen, wenn sie nicht weiter wissen – dann werden die Bindungen tiefer und die heilenden Kräfte stärker.

Ein Rabbi fragte seine Schüler: „Wann ist der Übergang von der Nacht zum Tag?" Die Schüler gaben verschiedene Antworten, die den Rabbi nicht zufrieden stellten. Schließlich sagte er: „Wenn du das Gesicht eines Menschen siehst und du entdeckst darin das Gesicht deines Bruders oder deiner Schwester, dann ist die Nacht zu Ende, und der Tag ist angebrochen."

Jeder Mensch sehnt sich nach dem Anbruch des Tages, danach, als der angesehen zu werden, der er ist oder werden möchte. Jeder möchte wahrgenommen und anerkannt werden. Das ist nicht als Streben nach Macht und Einfluss zu verstehen, sondern als Sehnsucht nach Menschlichkeit und Partnerschaft.

Neid und Missgunst sind Gift für unser Zusammenleben. Vielen fällt es schwer, sich mitzufreuen, wenn andere begeistert sind und ihnen etwas gelingt. Da wachsen Ängste vor dem Konkurrenten, da blockieren Neid und Rivalität ein offenes und ehrliches Miteinander, da wird hinter dem Rücken geredet.

Ein alter Freund sagte mir einmal: „Es ist unwürdig, in Abwesenheit eines anderen schlecht über ihn zu reden." Wir sollten uns dafür zu schade sein und lieber „alles zum Besten kehren". Das baut auf und verbindet. Wer sich ehrlich und Anteil nehmend für andere interessiert, wird selbst interessant. Die goldene Regel aus der Bergpredigt Jesu gilt auch hier: „Alles nun, was ihr wollt, dass euch die Menschen tun, das sollt ihr ebenso auch ihnen tun."

Mit Musik loben und danken

Wir sind, was wir denken. Wir werden, was wir wollen. Aber Gedanken und Wille lassen sich nicht so einfach steuern. Unsere Gefühle und unser Unterbewusstsein lenken mit, sie lenken auch gegen überlegte Gedanken und ehrliches Wollen.

Musik spricht unser Gefühl und unser Unterbewusstsein direkt an. Sie hilft, unsere Wahrnehmung, unser Sinnen und Trachten positiv zu beeinflussen. Sie regt uns an, aus Trägheit aufzustehen, Antriebslosigkeit zu überwinden, sie bringt uns in Schwung und auf neue Ideen. Sie stellt das seelische Gleichgewicht her und schafft eine Balance zwischen Hochs und Tiefs. In ihr werden die schönen Gefühle und Hoch-Zeiten verdichtet und die traurigen Gefühle und schweren Zeiten verarbeitet. Musik entfaltet ihre Kräfte immer, wenn wir uns an besondere Ereignisse in unserem Leben erinnern, die durch Musik schön und unvergesslich wurden. Wir sollten uns nicht scheuen, vertraute Melodien vor uns hin zu pfeifen, zu trällern, zu singen oder zu summen. Man sagt nicht umsonst: „Mit Musik geht alles besser." Dabei denke ich nicht an Berieselung und Geräuschkulisse, sondern an bewusstes Hören und eigenes Musizieren.

Früher war es viel stärker verbreitet, bei eintönigen Arbeiten das Lieblingslied oder einen Choral zu singen. Das wirkt nicht nur auf unsere Seele und auf unseren Körper, sondern auch direkt auf das Gehirn. Dieses wird mit Hilfe bestimmter Klänge neu gestimmt, die Intuition erwacht, das Denken erhält neue Impulse, und die geistige Leistungsfähigkeit wird gesteigert.

Der Wunsch, sich auszudrücken, seinen Stimmungen Gestalt zu geben ist eine wichtige Energiequelle für das Musizieren. Die Befriedigung unseres Ausdrucksbedürfnisses bereitet uns Lust. Aus dieser Lust erwächst die Motivation zum Singen. Unsere Stimme ist unser körpereigenes Instrument, Lautsprecher unserer Seele.

Musikinstrumente sind Gegenstände außerhalb unseres Körpers. Auch mit ihrer Hilfe können wir uns ausdrücken. Wer ein Musikinstrument spielt, erlebt, wie elastisch, beweglich, schmiegsam und zärtlich er sich ausdrücken kann. Musizieren wie Singen bieten jedem eine ideale Synthese des Sprech-Hör-Systems mit dem Tast-Bewegungssystem. Das ist mehr als eine Voraussetzung für eine neue Sinnlichkeit mit Musik.

Beim Instrumentalspiel tritt zum Wunsch nach Ausdruck das elementare Bedürfnis nach Bewegung. In der Bewegung erleben wir uns selbst, unseren eigenen Körper, das fein abgestimmte Zusammenspiel vieler Muskeln besonders intensiv. Beim Spiel auf einem Blasinstrument empfinden wir den Vorgang des Ein- und Ausatmens als besonders lustvoll. Viele Menschen entlasten sich, indem sie sich ihre Aggressionen auf dem Schlagzeug von der Seele trommeln, Saiten anreißen oder zupfen.

Im Instrumentalspiel wird ein weiteres Grundbedürfnis des Menschen befriedigt: das Spielen. Im Spiel sind wir ganz wir selbst und ganz ursprünglich, wir sind kreativ, bewegen uns leicht, legen unsere Empfindungen in die Bewegung und das Spiel. Das Spiel ist um so lustvoller, je mehr Energie abgeführt wird, je stärker der Ausdruck und je größer der Anteil der Fantasie in der Freiheit des Gestaltens ist.

Arbeiten und frei sein

Arbeit und Freizeit in Einklang bringen

„Arbeit macht frei!" Dieser Satz stand über dem Tor eines Konzentrationslagers. Hinter dem Tor öffnete sich für die Hereingetriebenen die Todeswelt des Arbeitslagers oder der Gaskammern. Die dort befohlene Arbeit war grausamer als jede Sklavenarbeit zuvor. Dass Arbeit frei macht, klingt seitdem zynisch und menschenverachtend.

Die biblische Aussage, dass Menschen im Schweiße ihres Angesichts und mit Mühsal arbeiten sollen und der Acker Dornen und Disteln trägt, lässt Arbeit und Freiheit als einander ausschließende Gegensätze verstehen. So empfinden das viele Menschen heute.

Wir müssen uns klarmachen, dass die Trennung von Arbeit und Muße, von Anspannung und Entspannung, von Arbeitswelt und Freizeitwelt nicht viel älter als hundert Jahre ist. In der bäuerlichen Gesellschaft vor der industriellen Revolution taten Bauer und Bäuerin ihre Arbeit mit Muße und Ruhe. Muße war geradezu eine Vorbedingung dafür, dass eine Arbeit akkurat und erfolgreich getan werden konnte.

Immer stärker hat sich die Arbeit gleichsam zum Zwangsinstitut entwickelt. Arbeit wurde immer

mehr zerlegt. Menschen an Maschinen wurden
selbst zu Maschinen. Das Gefühl, versklavt zu werden und entfremdet zu leben, wurde stärker. Leistung und Lohn beherrschten Köpfe und Herzen,
der Wert des Einzelnen wurde an seiner Arbeits-
kraft gemessen. Muße und Müßiggang waren „aller
Laster Anfang". Mit der Trennung von Arbeitswelt
und Freizeitwelt schwanden die Chancen, sich in
der Arbeit frei zu entfalten. Rastloses Schaffen,
Arbeiten wie ein Pferd, Sterben in den Sielen, ein
falscher Pflichtgedanke standen obenan.

Heute steht neu zur Debatte, welchen Sinn es
eigentlich hat zu arbeiten. Immer mehr Menschen
wehren sich dagegen, dass der bezahlten Arbeit zu
viel Wert beigemessen wird, weil sie Leben nicht mit
letztem Sinn und Inhalt füllen kann und darf. „Wir
leben nicht, um zu arbeiten, wir arbeiten auch nicht,
um zu leben! Sondern wir wollen leben, um (auch!)
zu arbeiten." Hier meldet sich ein Wertewandel.
Die Sehnsucht wird stärker, frei zu sein in Arbeit
und Freizeit, sich selbst in die Arbeit einzubringen
und in zugemessenen Arbeitsbereichen schöpferische Kräfte zu entwickeln. Eine Geschichte von
Heinrich Böll zeigt, dass Arbeit nicht versklaven
muss:

Ein Tourist sieht in einem Hafen einen ärmlich
gekleideten Mann in seinem Fischerboot dösen.
Er fragt ihn, warum er nicht ausfahre. „Weil ich
heute Morgen schon ausgefahren bin", antwortet
der. „War der Fang gut?" Der Fischer bejaht. Der

Tourist begeistert sich und schlägt dem Mann im
Boot vor, täglich zwei-, dreimal auszufahren. Dann
könne er in einem Jahr einen Motor kaufen, dann
einen größeren Kutter, darauf bald ein Kühlhaus
und danach eine Fabrik bauen und weiter expan-
dieren. „Und was dann?", fragt der Fischer. „Dann
können Sie beruhigt im Hafen sitzen, in der Sonne
dösen – und auf das herrliche Meer blicken." „Aber
das tu ich ja jetzt schon", antwortet der Mann.

Arbeit und Freizeit, Tätigsein und Ruhen, das
Muss und die Muße dürfen um des Menschen und
der Menschlichkeit willen in Zukunft keine ex-
tremen Gegensätze mehr sein. Wir müssen sie als
Pole für das eine und eigene Leben aufeinander beziehen. Es muss in der Gestaltung der Arbeit, der
Arbeitszeiten und Arbeitsplätze viel getan werden,
um den Arbeitenden die Freiräume zu geben, dass
sie sagen können: „Hier bin ich Mensch, hier darf
ich's sein."

Es muss aber noch viel geschehen, damit es nicht
mehr heißt: „Hast du gut bezahlte Arbeit, dann
bist du was", während ehrenamtliche Arbeit, Haus-
frauenarbeit und die Arbeit im sozialen Bereich als
minderwertig abgetan und als unattraktiv angesehen werden. Arbeit nur auf Erwerbsarbeit zu
reduzieren schafft gefährliche Trennungen und ein
menschenunwürdiges Klassensystem. Arbeitslose
wären dann Menschen ohne Wert, Fußkranke unserer Gesellschaft.

Jede Arbeit sollte dazu dienen, mich selbst zu

verwirklichen. Arbeiten muss mir Sinn geben, aber ich muss auch selbst Sinn in mein Tun und Lassen legen. Es kommt hier auf *mich*, auf jeden Einzelnen an – menschenwürdige Arbeitsbedingungen vorausgesetzt. *Ich* bin hier gefragt und kann nicht alles vom Arbeitgeber, vom Chef, vom Staat oder von der Gesellschaft verlangen. Da müsste ich zu lange warten, es wäre vertane Lebenszeit. Ich muss es wollen: bei der Arbeit frei sein, sie selbst mit Lust und Liebe tun wollen. Ich muss mich auch unter Druck und in Zwängen anstrengen, mich nicht auffressen und unterkriegen zu lassen. Ich muss mich mühen, mich mit meinem Tun zu identifizieren und die vorhandenen Spiel- und Freiheitsräume selbst unter einengenden Rahmenbedingungen zu nutzen. Ich darf dabei nicht zu viel für mich, aber auch nicht zu wenig von mir erwarten. Nicht jeder kann Erfüllung und das höchste Glück von seiner Arbeit erhoffen, aber sie darf auch nicht zum Abreißen lästiger Stunden werden.

Das ständige Schielen auf die angeblich große Freiheit, die mit dem Verlassen des Arbeitsplatzes lockt, kann nur Enttäuschungen bringen. Beides enttäuscht, beides überfordert mich, mein Arbeiten wie meine Freizeit. Ich kenne kein tieferes Verständnis von Arbeit als jenes, das von Martin Luther stammt und unsere Gesellschaft Jahrhunderte geprägt hat. Für Luther war der Beruf nicht nur Broterwerb oder Job, aber auch nicht Lebensziel und höchster Sinn des Lebens. Er führt den Beruf

auf die Berufung zurück, zu der jeder Einzelne als
Handwerker, Lehrer, Hausfrau oder Bauer heraus-
gefordert wird. Was jeder tut, ist Gottesdienst im
Alltag der Welt, ein weltlicher Beruf, der zugleich
Gottesdienst ist, der sich im Menschendienst vollzieht und bewährt. Was einer tut, das tut er für sich
selbst. Aber zugleich tut er es als ein vollwertiges
Glied in einer Kette, arbeitet für andere und weiß,
dass andere für ihn arbeiten.

Wenn ich meine Arbeit in diesem Beziehungsge-
flecht von Pflicht und Selbstverwirklichung sehe,
brauche ich mich nicht als Produktionsfaktor und
als Objekt der Ausbeutung zu verstehen. Ich sehe
mich dann immer bezogen auf andere. Diese Sicht
fällt denen leichter, die schöpferisch und freier tä-
tig sind als Menschen in eintönigen Arbeits- und
Produktionsprozessen. Sie ermöglicht es aber auch
dem freiwilligen Helfer beim Roten Kreuz, dem
Kontrolleur im Kraftwerk und dem Gabelstap-
lerfahrer in der Lagerhalle, sich und seine Arbeit
in ein großes Ganzes einzufügen. Sogar der Arbeitslose, der in Nachbarschaftshilfe den anderen
Hausbewohnern hilft, kann sein Handeln so verstehen. Es gibt dann überall Möglichkeiten, Sinn
zu entdecken, etwas zu gestalten und sich selbst
zu beweisen. Je mehr wir da hineingeben, desto
mehr kommt auch für uns und für andere dabei
heraus. Dabei ist die innere Einstellung wichtiger
als die äußeren Rahmenbedingungen. Wir müssen
uns auch hier selbst Ziele setzen, unseren Lebens-

sinn umsetzen in eigene Schritte. Dass Lust an der Arbeit und Freude bei der Arbeit entstehen, hängt ganz entscheidend davon ab, was ich selbst dazu tue. Wir müssen ständig an uns selbst arbeiten, damit Arbeit nicht monoton ist, der Beruf mehr als nur Geldverdienen, das Tätigsein etwas anderes als ein schweres Joch.

Es ist kein Gegenargument, dass jeder heute durchschnittlich drei Berufe im Lauf seines Lebens ausübt, dass viele Tätigkeiten keine Ausbildung mehr erfordern und dass viele zunächst den falschen Beruf wählen. Es kommt immer darauf an, was ich selbst daraus mache. Und wie ich mich mit Energie und Willenskraft dafür einsetze, dass ich meinem Tun meinen eigenen Sinn abgewinne. Der von mir gewählte Lebenssinn wird dann meine Arbeit wie meine Freizeit tragen. Er bezieht sich auf die Gestaltung der Lebenszeit insgesamt. Diesen Blick auf das Ganze unseres Lebens dürfen wir nie aus den Augen verlieren.

Tun wir das, dann werden wir uns dagegen wehren, unsere „sinnlose" Arbeit in „sinnloser" Freizeit fortzusetzen. Positiv gesagt: Wir werden uns selbst bei wenig sinnvoller Arbeit nicht nur bemühen, diese ordentlich auszuführen, sondern wir werden uns auch vornehmen, in unserem Arbeitsbereich soziale Isolation abzubauen, ein menschliches Miteinander zu pflegen, Kollegen liebevoller wahrzunehmen.

Dasselbe werden wir auch im Freizeitbereich an-

streben. Wir werden uns hüten, nur pflichtgemäß
zu handeln, uns unter einen Verpflichtungsdruck
zu stellen, das harte „Du musst" in die Freizeit zu
tragen: Du musst Ausgleichssport betreiben! Du
musst die alte Mutter noch besuchen! Du musst
Zeit für die Familie und das Spielen mit den Kindern erübrigen! Hier gilt es, von innen heraus zu
handeln, die Liebe zu anderen als primäre Triebkraft zu nutzen, Lust auf das Du und das Wir zu
entdecken. Egoistischer Lustgewinn macht ebenso
wenig satt wie Pflichterfüllung ohne Liebe. Die eigentliche Nahrung für Lust und Freude wächst aus
Beziehungen, die ich gern und freiwillig eingehe
und pflege. Ich muss wegkommen von dem einseitigen Denken, dass nur das zählt, was ich mir als
Arbeitender selbst verdiene: Geld und mein Selbstwertgefühl, das ich mir erwerbe und kaufe, sichtbar
in Statussymbolen wie Auto, Brillanten, Titel, Besitz. Udo Jürgens sang durch viele Jahre hindurch:
„Was wirklich zählt auf dieser Welt, bekommst du
nicht für Geld."

Wir merken oft gar nicht mehr, wie unsere gesamte Lebenszeit zur „Arbeitszeit" verkümmert.
Die Arbeit hat uns so in ihrem Würgegriff, dass
alles zur Arbeit wird: Einkaufen zur „Konsum-
arbeit", Kindererziehung zur „Sozialisationsar-
beit", wichtige Gespräche mit dem Partner oder
guten Freunden zur „Beziehungsarbeit".

Wenn alles zur Arbeit wird, wird sie zum Ty-
rannen. Und die Freiheit, das zweckfreie Spiel, die

nicht verrechenbare Liebe bleiben auf der Strecke. Es gibt schlimme Beispiele aus der Freizeitwelt. Urlaub wird zum Hochleistungssport, Kilometer werden unter Stress abgerissen, Campingplätze sind ein Spiegelbild des Lebens im Hochhaus, Ruhe wird durch einen programmierten Aktivurlaub gemieden. Nur nicht zu sich selbst kommen, es könnte gefährlich werden!

Freizeit sinnerfüllt gestalten

Die Urlaubswelten der Zukunft drohen immer arrangierter, inszenierter und künstlicher zu werden – auf Kosten von Echtheit, Originalität und Ursprünglichkeit. Die touristische Erlebnisindustrie wird immer höhere Ansprüche erfüllen, es droht eine Anspruchsrevolution. Der Fortschrittsgedanke, bisher die Triebkraft für Technik und Technologie in der Wirtschaft, wird sich auf die Freizeitwelt verlagern. Dabei wissen wir inzwischen längst, dass Fortschritt um jeden Preis zerstörerisch wirkt und alle vernünftigen Grenzen sprengt. Wir sollten sehr bewusst dieser zügellosen Entwicklung entgegentreten und uns verweigern.

Wir müssen um unserer selbst willen Konsumtrips und Erlebnisstress meiden und gegen die Auswüchse der Wohlstandsgesellschaft angehen. Ein Lebensziel lautet: Werde wieder pausenfähig! Finde deine eigenen Wege aus Rastlosigkeit, Aktivismus und einem von anderen programmierten Leben in die erfüllte Stille, in die schöpferische Besinnung.

Die Arbeit ist heute nicht mehr die einzige Möglichkeit, sich selbst zu verwirklichen. Unsere Arbeitsgesellschaft, die lebte, um zu arbeiten, entwickelt sich immer mehr zur Lebensgesellschaft, die arbeitet, um zu leben. Es kommt immer mehr darauf an, dass wir lernen, in der Arbeit und in der Freizeit unsere Lebenszeit sinnvoll zu gestalten. Wir müssen uns anstrengen, Freizeit als Eigenzeit (Ich-Zeit) zu gewinnen.

Wer sagt uns eigentlich, dass das Warten im Autobahnstau, vor dem Abflugschalter, vor der Kasse des Supermarktes im überlaufenen Ferienort dazugehört und sein muss? Wir sollten nüchtern prüfen, ob der Stress, die Risiken und Unbequemlichkeiten im Verhältnis zum Entspannungswert eines Urlaubs stehen. Es kann viel sinnvoller sein, tägliche Ausflüge in benachbarte und ruhige Erholungsgebiete zu machen, ins Museum zu gehen oder zu Hause zu lesen, Musik zu hören, Gespräche mit guten Freunden zu führen, einfach das zu tun, was einem Spaß macht: handwerkern, im Garten arbeiten, das eigene Heim schön gestalten, in einem ruhigen Restaurant essen.

Freizeit ist immer auch Kulturzeit. Musik hilft, Lebenszeit in der Freizeit zu gestalten. Festivals, Open-air-Konzerte, aber auch Kunstausstellungen und Theateraufführungen, Kultur- und Kreativwochen gibt es überall in erreichbarer Nähe. Daran teilzunehmen vermittelt aufbauende und bereichernde Erlebnisse. Sie helfen uns, unsere kostbare Lebenszeit mit Lust und neuer Sinnlichkeit zu gestalten.

Langeweile hängt wie ein Damokles-Schwert nicht nur über Jugendlichen. Es bedroht die Menschen aller Lebensalter und Schichten. Der Teufelskreis von Langeweile und Genuss wird immer deutlicher, er kann zur Eskalation eines wilden und ungebremsten Erlebnisgenießens werden.

Jeder ist verantwortlich für sein Leben. Wir haben es selbst in der Hand, welche Mittel zum sinnvollen Leben wir wählen. Wir können beitragen zu einer neuen Kultur der Sinnlichkeit ohne Überforderungen und Fremdbestimmung. Dabei kann uns die Musik helfen. Ich wage die kühne Behauptung: Der Fetisch Auto kann durch das Musikinstrument schrittweise ersetzt werden. Musik bietet viele der Eigenschaften, die das Auto – über seine Funktion als Fortbewegungsmittel hinaus – so begehrenswert machen. Eine Umfrage hat festgestellt, dass das Auto drei Bedürfnisse erfüllt: Das Bedürfnis nach Identifikation, Freiheit und Ausleben von Aggressionen.

Das Auto ist in erster Linie ein Objekt, mit dem sich der Besitzer identifiziert. Je nach Selbstverständnis und Typ werden die Marke und die Farbe gewählt. Trotz Staus und Parkplatzproblemen haben die Autofahrer in der Großstadt das subjektive

Empfinden, im Auto frei zu sein. Im Krieg auf den Straßen werden Aggressionen entladen.

Ich behaupte nun: Die drei genannten psychologischen Funktionen können besser durch das Spielen eines Musikinstruments erfüllt werden. Wer ein Instrument spielt, identifiziert sich damit, schafft sich ein Selbstwertgefühl, soziale Anerkennung und Geborgenheit in der Gemeinschaft Musizierender. Damit verschmutzen wir weder die Umwelt noch bringen wir andere in Gefahr! Und für uns selbst gewinnen wir Freude, innere Bereicherung, seelische Ausgeglichenheit und Ruhe.

Auf der Suche nach einem neuen Lebensstil

Uns alle bestimmt immer noch stark die alte protestantische Berufsethik. Danach ist Arbeit mit „Mühsal und Plage" verbunden. Lust und Freude wurden auf die Lebensfelder bezogen, die nichts mit Arbeit zu tun haben. Aber auch die Berufsarbeit muss Sinn und Lust vermitteln. Die Arbeitsbedingungen und das Leben am Arbeitsplatz sollten so gestaltet sein, dass diese Forderung erfüllt wird. Das ist keineswegs unrealistisch und ökonomisch unhaltbar. Mit der Steigerung der Lust geht immer auch eine Steigerung der Leistung einher. Die Wirtschaft beginnt immer deutlicher, das umzusetzen. Es ist überhaupt nicht abwegig, Führungskräfte zu Organisatoren und Managern von Leistungslust

auszubilden. Führen bedeutet dann nicht mehr
nur das Leiten und Lenken von Menschen, sondern
das Vermitteln von Sinn-Freude-Erlebnissen am
Arbeitsplatz – in direktem Wettbewerb mit Frei-
zeitangeboten. Es geht darum, Anreize zu geben,
Motivationen zu schaffen, ein Wir-Gefühl herzustellen, menschliche Beziehungen und Freundschaften am Arbeitsplatz zu fördern. Wenn immer
mehr Freizeitelemente in die Arbeitswelt eindrin-
gen, wachsen die Möglichkeiten, die sinnvolle Zeit-
und Lebensgestaltung zu intensivieren.

Viele Unternehmen investieren viel Zeit und Geld
in eine „Unternehmensphilosophie", stellen die im-
materiellen Werte wie Identität, Sinn der Arbeit,
Stil im Umgang miteinander und mit den Kunden,
Kooperation und Kreativität in ihre Bilanz ein.
Zum Wir-Gefühl und zur gemeinsamen Herstel-
lung einer Corporate Identity gehören Begriffe wie
Bekennen, Kennen, Erkennen und Wollen. Beruf-
liche Fortbildung und die Weiterentwicklung der
Persönlichkeit der Mitarbeiter werden gefördert,
weil nur zufriedene Mitarbeiter erfolgreiche Gestal-
ter der gemeinsam gefundenen Unternehmensziele
sind. Und immer mehr Arbeitnehmer suchen Sinn
und Freude im Beruf. Dafür sind manche sogar
bereit, finanzielle Einbußen hinzunehmen. Ein
Wertewandel bahnt sich hier an. Die Bedeutung der
zwischenmenschlichen Beziehungen wird wieder
stärker erkannt. Hier liegen Chancen dafür, dass
die psychische und soziale Entwurzelung und Des-

integration gestoppt wird. Zu Recht wollen immer
mehr arbeitende Menschen lieber mehr Freiräume
als mehr Freizeit. Sie wollen ihre Arbeitszeit selbst
bestimmen. Die flexiblere Gestaltung der Arbeitszeit könnte zu einer Veränderung der gesamten
Lebensgestaltung führen: Aus dem Abreißen von
Stunden könnte wieder gefüllte Zeit werden, aus
bloßer Freizeit wieder wirklich freie Lebenszeit,
aus fremdbestimmten Menschen freie. Nach neu-
esten Untersuchungen muss festgehalten werden:
Die Freizeitgesellschaft, in den Neunzigerjahren
als Legende und Mythos entlarvt, scheint in weite
Ferne gerückt zu sein. Wir müssen Abschied nehmen von Illusionen. Das gehört zu einem wachen,
aufmerksam und selbst gestalteten Leben.

Wir stoßen inzwischen sehr hart an die Grenzen
unserer Wohlstandsgesellschaft. Dass wir über unsere Verhältnisse leben, zeigt auf der einen Seite die
massenhafte Verbreitung von Freizeit und Wohlstand und auf der anderen Seite die zunehmende
Zahl derer, die keine Arbeit, kein Geld und keine
Erfolgserlebnisse haben.

Die sozialen Folgen einer Überflussgesellschaft
zeigen sich in verschiedenen Formen einer Ent-
solidarisierung, in der Schwächung sozialer Beziehungen und des Gemeinsinns und in dem Trend
zur Singlegesellschaft. „Die Anerkennung von
Schranken ist der Schlüssel zum Überleben und
zur Vollkommenheit", formuliert Michael Sorkin.
Wer die Zeichen der Zeit erkennt, wird sich da-

rauf einstellen. Er wird bei sich selbst anfangen und seine Einstellung ändern. Er wird den Tanz ums goldene Selbst beenden und sich als wichtigen und verantwortlichen Teil im Netzwerk des sozialen und gesellschaftlichen Lebens sehen. Er wird investieren in eine soziale Lebensgestaltung und sein eigenes Ich immer im Zusammenhang mit dem Du und dem Wir sehen. Er wird das Seine dazu tun, dass sich die sozialen Verankerungen in Familie, Nachbarschaft, Kollegen- und Freundeskreis nicht weiter lösen. Und er wird alles daransetzen, seine Arbeitswelt mit der Freizeitwelt zu verbünden und eigenständig zu verbinden. Er will nicht mehr nur Konsument, sondern Produzent seines ganzen Lebens sein. Gegen die Trennung seines Lebens in das Wohnen im eisernen Käfig der wirtschaftlichen Notwendigkeiten einerseits und im luxuriösen Schloss romantischer Träume und Genüsse andererseits wird er sich wehren und dafür sorgen, dass er in dem *einen* Haus seines Lebens beheimatet ist.

Ich erlebe immer mehr Menschen, die ihr Leben nicht zweiteilen lassen wollen. Sie wollen nicht zerstückelt werden. Sie forschen nach dem, was ihr eigenes Leben im Innersten zusammenhält. Das ist anstrengend, weil sich unser Leben in der Gesellschaft wie privat immer mehr auffächert, spezialisiert und differenziert. Kein Einzelner kann noch überschauen, was sich in den Bereichen von Politik und Wirtschaft, Kultur und Wissenschaft, Technik und Forschung vollzieht. Das macht Angst und lässt das Gefühl entstehen: Du wirst immer kleiner, unwichtiger und überflüssiger.

Umso wichtiger wird es, dass wir uns auf uns selbst besinnen und uns nicht einfach mitreißen und fortschwemmen lassen. Eigeninitiative, eigene Kreativität, eigener Wille sind gefragt. Wir müssen uns wehren gegen jede Aufspaltung des Lebens, die uns selbst spaltet und Abgründe in uns aufreißt, gegen eigene Überforderungen: Reisen, außergewöhnliche Ereignisse und Erlebnisse sind nicht das Eigentliche, und die kleinen Dinge des Alltags, die täglichen Herausforderungen und Konflikte sind nicht das, was ich möglichst schnell überwinden muss.

Wer sein Leben so ganz und ungeteilt lebt, wird nicht von der Angst gejagt, irgendetwas Besonderes oder Schönes zu verpassen. Er ist gefeit gegen den zunehmenden Angebotsstress und gewappnet gegen die ständigen Reizsteigerungen, die sich – psychologisch geschickt – die Konsum- und Freizeitindustrie ausdenkt.

Es ist die Chance älterer Menschen, Wichtiges von Unwichtigem unterscheiden zu können. Mit der eigenen Lebenserfahrung, allen positiven Erinnerungen und allen erlittenen Enttäuschungen, werden wir innerlich stärker. Das Gefühl, dauernd zu kurz und ständig zu spät zu kommen, verliert seine Macht. Die Angst, dass die Zeit wegläuft, wenn ich nicht die zahlreichen Angebote des Le-

bens ausgekostet habe, dröhnt nicht mehr wie eine
ständig mahnende Trommel in uns. Das Materielle
verliert seinen hohen Rang, Beziehungen zu anderen und Freundschaften werden wichtiger. Wir sind
nicht mehr in der Gefahr, Opfer der eigenen egoistischen Ansprüche zu werden. Wir können selbst
Grenzen setzen, deutlicher Nein sagen, uns gegen
Apathie wehren. Wir durchschauen die Scheinwelt
der Erlebnisindustrie besser als in früheren Jahren
und sind gleichgültiger gegen den Überfluss, der
sich immer mehr zum Überdruss wandelt.

Es ist an der Zeit, dass sich die Älteren wieder der
Enkelgeneration zuwenden. Wir Älteren müssen
den Jungen Vorbild sein und ihnen zeigen, dass
wir nicht auf Überreizung aus sind, sondern unsere
intellektuelle und moralische Reizempfänglichkeit
stärken. Wir wollen ihnen andere Werte vorleben,
eigene Initiative, eigenes Tun, selbst bestimmte
Zeiteinteilung gegen Fremdsteuerung und Mari-
onettendasein setzen. Singen, Spielen, Gestalten,
Schreiben, Gespräche im kleinen Kreis, Wandern,
Gartenarbeit, Erleben und Pflege der Natur, Heim-
werkern und Basteln, eigenes Engagement in der
Schularbeitenhilfe und bei der Ausländerbetreu-
ung, Hilfe für alte Menschen bei Behördengängen,
Nachbarschaftshilfe und vieles mehr sind Möglichkeiten, die Befriedigung geben und sinnvoll sind.
Wir werden selbst nach dem Satz leben, dass nicht
die Quantität der Freizeitangebote, sondern die
Qualität der Freiheit, unsere Zeit zu gestalten, über

ein gelingendes Leben entscheidet. Unsere eigenen Möglichkeiten sind dann Alternativen zum übertriebenen Ich-Kult, dem „MegaKult des Westens".

Es gibt viele heimliche Verführer. Einer ist die Vorstellung vom käuflichen Glück. Glück wird gesucht und erjagt in der Mentalität des „Alles-sofort", des „Immer-mehr" und des „Immer-schneller". Glück ist aber mehr inneres als äußeres Gut, ist Lebenserfüllung und nicht das Füllen der Schränke mit überflüssigen Dingen. Überlege ab und zu, worauf du verzichten kannst, ohne unglücklicher zu werden! Dabei hilft die alte Frage: Was würdest du mitnehmen, wenn du auf einer einsamen Insel leben solltest? Konzentriere dich auf das, was du erreichen kannst! Nicht gleich das große Glück erstreben! Es ist heilsamer, nur ein Stück davon in deinen Alltag zu holen. Es müssen immer noch genügend kleine Träume übrig bleiben.

Es ist gut, dass wir mit zunehmendem Alter und wachsender Lebenserfahrung unsere wahren Bedürfnisse erkennen. Wir sind gesättigter als in jungen Jahren, wo der Hunger nach Leben ungestümer und unkontrollierter war. Wir können besser Wünsche und Erwartungen reduzieren auf ein vernünftiges und realistisches Maß. Eine Inschrift am Zeus-Tempel von Olympia lautet: „Genieße nach Maß, damit du länger genießen kannst." Das gibt die Richtung an für ein glücklicheres Leben. Werde bescheidener, maßvoller, realistischer – dann wirst du freier!

Zu einem bewussten Leben helfen folgende Schlüsselfragen, die der Freizeitforscher Horst W. Opaschowski formuliert hat:

- Tragen Konsumangebote zum physischen, psychischen und sozialen Wohlbefinden bei oder lassen sie uns aus dem Gleichgewicht geraten?
- Fördern sie das Zusammensein in Partnerschaft, Familie und Freundeskreis oder wirken sie gemeinschaftsschwächend?
- Ermöglichen sie Naturerleben und unbeschwerten Naturgenuss in intakter Umwelt oder verursachen sie irreparable Schäden?
- Lassen sich Konsumangebote mit persönlichen Bildungsbedürfnissen und Kulturinteressen verbinden oder verhindern sie eine persönliche Weiterentwicklung und Lebensbereicherung?

Ein Recht auf Glück, einklagbar wie Besitz oder Grundrechte, gibt es bei uns nicht wie z. B. in der amerikanischen Verfassung. Das kann es überhaupt nicht geben. Es gehört zu den schwersten und größten Aufgaben im Leben zu lernen, dass Glück und Unglück zwei Seiten des einen Lebens sind. Wer nur Glück im Genießen und in überschäumender Freude sucht, lebt oberflächlich und wird unfähig, die eigenen Tal- und Durststrecken allein zu gehen. Und er wird Glück nicht in seiner ganzen Fülle und Tiefe erleben können. Glück und Unglück gehören zusammen wie Höhen und Tiefen, wie Stärke und

Schwäche, wie die Tränen der Freude und der Trauer, wie Leben und Tod. Ich denke oft an den Satz, den mir ein älterer Mann kurz vor seiner Goldenen Hochzeit sagte: „Die Höhepunkte in unserem Leben waren die Überwindung der Tiefpunkte."
Wer so bewusst die Zeiten des Unglücks in sein Leben integriert, der will Lebenssinn statt Lifestyle, mehr Lebensqualität als -quantität erreichen.

Wir sind heute auf der Suche nach einem neuen Lebensstil. Wir müssen verzichtbereiter sein, wenn es um Freizeit- und Konsumgewohnheiten auf Kosten anderer und der natürlichen Umwelt geht. Wir müssen anspruchsvoller werden im Blick auf die sozialen Bedürfnisse der Gemeinschaft, in der wir leben.
Erich Fromm warnte bereits Ende der Sechzigerjahre vor einer zweifachen Bedrohung des Menschen: der Vernichtung durch Krieg und der inneren Leblosigkeit durch das Passivsein. Eine der Grundvoraussetzungen menschlichen Wohlergehens sei es, aktiv zu sein und alle seine Fähigkeiten produktiv einzusetzen. Es wird Zeit, dass freiwillige Dienste sozial honoriert und gesellschaftlich aufgewertet werden. Natürlich hat jede gern getane Aufgabe ihren Lohn in sich, schenkt Zufriedenheit und Anerkennung. Aber warum wird zum Beispiel nicht ein gesetzlicher Anspruch auf Sonderurlaub, vorübergehende Freistellung in Schule, Ausbildung und Beruf durchgesetzt? Auch materielle Hono-

rierungen in bescheidenem Umfang sind hier zu erwägen. Das kann vom Steuerfreibetrag über Verdienstausfallregelungen bis zu Vergünstigungen bei der Benutzung öffentlicher Verkehrsmittel und dem freien Eintritt in öffentliche Kultur- und Freizeiteinrichtungen gehen.

Das Bewusstsein für den Gemeinsinn muss bei uns so gestärkt werden, dass die Ausübung eines sozialen Ehrenamtes genauso prestigeträchtig ist wie der Erwerb eines kostspieligen Konsumartikels. Beides muss verdient werden – entweder durch Arbeit oder durch ein Handeln im Dienste der Gemeinschaft.

Wir müssen umdenken, wenn wir zukunftsorientiert leben wollen. Aus der Lernschule muss wieder eine Lebensschule werden. Lernfragen sind zwar wichtig, Lebensfragen aber noch wichtiger. Viele Schüler haben nach Verlassen der Schule den Kopf voll mit Formeln und Vokabeln, stolpern aber ziemlich rat- und hilflos ins Leben. Viele der Fragen, die Voraussetzung für die Bewältigung des Lebens sind, werden kaum oder gar nicht behandelt. „Wie lebe ich gesund?" – „Wie gehe ich sinnvoll mit mir selbst, mit anderen, mit meinem Leben, mit meiner Zeit um?" Fach- und Spezialkenntnisse veralten immer schneller, Computer haben ein besseres Gedächtnis. Die Schule muss sich auf diesen Beschleunigungsprozess einstellen.

Elternhaus und Schule müssen verstärkt Lebenskompetenzen fördern, zu Eigeninitiative, Selbstständigkeit und Partnerschaft anleiten. Die Gesellschaft entlässt ihre Wohlstandskinder in eine offene Zukunft mit viel Freizeit, weniger Arbeit und weniger sozialem und politischem Engagement. Lebenskompetenzen sind z. B. folgende:

- Einüben von Selbstständigkeit,
- Stärkung der Gemeinschafts-, Team- und Kooperationsfähigkeit,
- Lernen, mit Medien und Konsumangeboten umzugehen,
- Werteerziehung als Lebens- und Orientierungshilfe.

Dazu gehört ein Mindestmaß an Verbindlichkeiten, Aufgaben und Regeln. Wichtig ist eine Besinnung auf das Beständige, auf Überzeitliches, nicht Modisch-Kurzatmiges. Ich halte mich an Prognosen, die mich hoffen lassen:

- Die Sehnsucht der Menschen wird stärker, Zeit und Muße für sich selbst zu finden.
- Persönlichkeitsbildung und freizeitkulturelle Weiterbildung werden immer wichtiger.
- Die Zukunft gehört neuen Bildungsformen und Bildungsinstitutionen, die die Jedermann-Kreativität fördern.
- Immer mehr Universitäten werden die „älteren Semester" entdecken.

- Der Kulturbereich sieht einer expansiven Zukunft entgegen.
- Die Familie bleibt der subjektiv wichtigste Lebensbereich, der Freundeskreis gewinnt für die Gestaltung der Freizeit wachsende Bedeutung.
- Soziales Engagement und freiwillige Mitarbeit werden zum moralischen Ersatz für Erwerbsarbeit.

Mehr Mut zur Muße

„Was verkürzt mir die Zeit? Tätigkeit! Was macht sie unerträglich lang? Müßiggang!" Dieser Satz Goethes leuchtet uns unmittelbar ein. Es steckt offenbar sehr tief in uns, dass „Müßiggang aller Laster Anfang ist". Leider unterscheiden viele nicht zwischen Müßiggang und Muße. Der Zwang, aktiv zu sein, verfolgt uns bis in die freien Zeiten des Lebens, wird zum bohrenden und unruhig machenden Muss: Müssen nicht mal wieder Freunde eingeladen, Verwandte besucht werden? Müsste nicht das Auto mal gründlich poliert, die Wohnung gesäubert werden, bevor ich mich hinsetze? Von Sokrates ist der Ausspruch überliefert: „Muße ist der schwerste Besitz von allen." In Meyers Lexikon wird Muße so definiert: „Das tätige Nichtstun. Spezifische Formen schöpferischer Verwendung von Freizeit".

Cicero verbindet den Begriff Muße immer mit

dem der Würde. Muße ist eine Lebensform, die der Würde des Menschen besonders entspricht. Von dieser Erkenntnis sind viele weit entfernt. Tätigsein fällt leichter als Nichtstun. Urlaub und Freizeit werden nicht als Chance genutzt, einfach untätig, befreit von Zwecken und Zwängen nur für sich selbst da zu sein. Dabei haben wir Zeiten so nötig, in denen wir unsere Seele baumeln lassen, so wie es Felix Timmermans in seinem Roman „Pallieter" beschreibt: „Pallieter stand eines Tages wie so oft an einen Baum gelehnt, die Hände in den Hosentaschen. Er betrachtete vergnügt das Spiel der Sonnenstrahlen in den Blättern. Da kam jemand vorbei und fragte ihn: ‚Was machst du da?' Pallieter antwortete: ‚Ich bin'."

Nichts tun, aber ganz da sein, zufrieden und entspannt uns an den Augenblick hingeben – das tut Körper, Geist und Seele wohl. Dann denken und fühlen wir gut, träumen und spüren Schönes und sehen alles um uns herum mit anderen Augen.

Es gibt zu viele rastlose Müßiggänger! Wenn ich in die Gesichter von Urlaubern und Touristen schaue, entdecke ich so etwas wie eine chronische Angespanntheit. Sie werden von irgendetwas getrieben, wirken wie aufgezogen. Was Muße sein sollte, steht unter dem Diktat des Muss: Im Garten zu arbeiten muss etwas bringen, Reisen müssen bilden, Sport muss fit erhalten, im Urlaub muss man viel erleben. Sex dient dazu, Spannungen abzureagieren. Alles muss unterm Strich was bringen.

Das hohe Tempo von Arbeitsplatz und Alltag wird nicht verlangsamt, die Welt wird nur im Vorwärtsgang und -drang erlebt. Schnell ist gut, langsam ist langweilig und schlecht.

Muße ist etwas ganz anderes und viel mehr. Sie ist eine Reise in die Gefilde der Nutzlosigkeit. Da genießt man, dass man lebt. Da wird die leere Zeit gefüllt mit guten Gedanken, mit Freude an Blumen und an der Natur. Da wird der Boden im Garten nicht nur angestrengt beackert, sondern wir betrachten auch die Blumen oder das Tomatenpflänzchen, das heute schon wieder etwas größer geworden ist. Da erleben wir die Natur als gute Schöpfung Gottes und fühlen uns eins mit dem Leben.

In solchen Zeiten der Muße fallen dann alle auf Zweck und Nutzen gerichteten Gedanken von uns ab. Wir besänftigen unsere Wünsche, legen unsere uns treibenden Pläne schlafen, lassen uns einfach fallen. Die Reise nach innen ist die längste und schönste Reise. Das sind Augenblicke, wo das, was uns heute noch aussichtslos erscheint, sein nagendes Fragen lässt und wir darauf setzen, dass morgen ein neuer Weg sichtbar wird. Da fangen die inneren Bilder an zu leuchten und zu strahlen. Wir spüren das Ganze, Vollkommene und Heilende, wenn wir die leiblichen Augen schließen und die Augen des Herzens öffnen.

Dem Klang des Schweigens lauschen

Zur Muße gehört auch das Schweigen. Die Kunst des Schweigens müssen wir neu üben. Schweigen ist mehr als nur Still-Werden, den Lärm abschalten, die Nerven ruhig werden lassen. Schweigen heißt: Ich lasse mich los, ich verzichte auf meine Wünsche, auf meine Sympathien und Antipathien, auf meine Schmerzen und meine Freuden, auf alle Verdienste und alle Taten. Werner Bergengruen schreibt in seinem Gedicht „O komm, Gewalt der Stille":

Wir sind des Fingerzeigens,
der plumpen Worte satt.
Wir wolln den Klang des Schweigens,
das uns erschaffen hat.

Wenn wir uns solchem Schweigen anvertrauen – und dazu gehört Mut! –, dann verstehen wir durch Stille, dann wirken wir aus Stille, dann gewinnen wir in Stille. Wir müssen nicht nach Asien zu den Meistern der Meditation fahren. Wir brauchen nicht für viel Geld die Angebote auf dem boomenden Markt der Schweigetechniken und der selbst ernannten Gurus und Heilbringer zu kaufen. Die christliche Tradition bietet uns einen reichen Erfahrungsschatz. Uns sind die Mystiker aller Zeiten angemessene Führer auf dem Weg des Schweigens hin zu uns selbst. Sich in ihre Worte und Erlebnisse zu versenken lässt uns uns selbst finden.

Mystiker haben die Reise nach innen und ins Schweigen verbunden mit Beten. Beten ist recht verstanden die reinste Form der Hingabe, weit entfernt von allem egoistischen Bitten und Drängen. Das Gebet „ohn Unterlass" meint die Haltung völliger Offenheit, die Konzentration auf den Satz: „Nicht mein, sondern dein Wille geschehe".

Johannes vom Kreuz sagt es so: „Der Mensch überlasse sich den Händen Gottes. Er liefere sich nicht den eigenen Händen aus."

Und der große dänische Philosoph und Theologe Sören Kierkegaard versteht das Beten so: „Beten heißt nicht, sich selbst reden hören, beten heißt, still werden und still sein und warten, bis der Betende Gott hört."

Neben der christlichen Tradition gibt es den breiten Strom der jüdischen Anleitung zur Muße und zum Kampf mit dem harten Muss. Durch zwei Jahrtausende sind die Juden verstreut gewesen in alle Welt. In zweitausend Jahren haben sie das Gesetz gehalten, geliebt und gepflegt. Zweitausend Jahre lang hat der Sabbat sie geistig und real miteinander verbunden. Sie haben ihn gefeiert nach festen Regeln und einer alle verbindenden Ordnung, als Fest des Lebens und als Feier der Ruhe Gottes und der eigenen Ruhe. Sie haben am siebenten Tag der Woche so ausgeruht, als sei die ganze Arbeit getan, und haben jeden Gedanken an Arbeit und jede Arbeit ruhen lassen. Dank und Lob haben sie erfüllt,

Dank an Gott und gegenseitige Liebe. Sie haben die Welt und den Nächsten als Geschenk genommen, sich daran erinnert, dass die Gabe vor der Aufgabe kommt und dass jede Aufgabe nicht im Mehren und Festhalten von Eigenbesitz besteht, sondern in der Weitergabe. Der Freude und der Bejahung allen Lebens haben sie Raum gegeben. Sie sagen: Es ist Sünde, am Sabbat traurig zu sein; und wenn man Traurige kennt, sollte man wenigstens einem Traurigen helfen, dass er froher werde. Sabbat – das ist der ganze Mensch mit seinem vollen Eingehen in Schöpfung und Leiblichkeit, in Frieden, Freude und Dankbarkeit.

Wenn ich dieses so beschreibe, erinnere ich mich zugleich daran, dass die Christen mit der Sonntagsheiligung dieses kostbare Gut übernommen haben. Die beiden Ströme der Tradition können wir heute neu verbinden. Das macht uns stärker gegen Tendenzen unserer Gesellschaft, in der der Sonntag immer mehr zum normalen Arbeitstag wird, die Maschinen weiterlaufen und wir mitlaufen müssen, wo kaum noch Zeit bleibt für gemeinsames Erleben in Familie, Nachbarschaft, Vereinen, wo das beliebige und geistlose Sich-füttern-Lassen mit den Angeboten der Freizeitindustrie nur der Zerstreuung, aber nicht der Sammlung dient.

Jung und gesund bleiben

Geist, Seele und Körper sind eins

Unser Körper ist mehr als nur ein Gefäß für Geist und Seele. Wir sind geschaffen als Menschen aus Fleisch und Blut, mit Muskeln und Sehnen, mit vielen Organen, die aufeinander abgestimmt sind und zusammenwirken. Unser Körper ist ein Wunderwerk. Die Forschung hat viele Funktionen noch immer nicht erfasst. Staunen, Ehrfurcht und liebevoller, verantwortungsbewusster Umgang mit unserem Körper sind diesem Wunderwerk der Schöpfung angemessen.

In vielen Epochen unserer Kultur- und Geistesgeschichte wurden Geist und Seele höher eingeschätzt als der Leib. Das Streben nach Höherem ging einher mit der Missachtung unserer Körperlichkeit. Der Körper als Gefängnis der Seele – diese Vorstellung wirkt bis heute nach.

Sie führt zu Desinteresse und Gleichgültigkeit, aber auch zu Scham und Verachtung. Geschlechtlichkeit, Sexualität und Lust wurden nicht thematisiert und nicht als natürlich und schöpfungsgemäß angenommen. Liebe wurde körperlos und platonisch verstanden, die Triebe unterdrückt und in die Zonen der Anrüchigkeit abgedrängt. „Den Leib abtöten", weil er den Geist behindert und die Seele mit überflüssigem Ballast beschwert – solche Vorstellungen haben Askese und geistiges Leben beflügelt, aber zugleich Menschen amputiert, verklemmt und zum Hass auf ihren eigenen Körper getrieben. Die Freude am schönen Körper und die Freuden körperlicher Liebe wurden vielfach tabuisiert und in Kreisen frommer Christen wie wohlanständiger Bürger verschwiegen. „Darüber spricht man nicht!", war die Devise.

Als ich vor einigen Jahren das wunderschöne Hohelied Salomos aus dem Alten Testament in einer großen Veranstaltung im Hamburger Michel auslegte, runzelten viele die Stirn. Warum? Eingerahmt von Liebesliedern lasen eine Schauspielerin und ein Schauspieler zunächst den Text im Dialog. Da begeistern sich beide am Körper des anderen. Er preist die Form ihrer Brüste und ihrer Lenden. Sie schwärmt von seiner Haut, die wie Honig ist. Sie vereinigen sich im Kornfeld, und ihre Sehnsucht nacheinander ist grenzenlos. Schönheit, Bewunderung, Lust und Glück durchziehen diese Liebesgeschichte.

Mit Verwunderung nahmen die Hörer zur Kenntnis, dass diese Liebesgeschichte wirklich in der Bibel steht, aber auch, dass sie schon bald nach Erscheinen umgedeutet wurde. So etwas gehört doch nicht in ein heiliges Buch!

Die christliche Interpretation sieht in der jungen und schwärmenden Frau die Kirche als Braut Christi und in dem Mann Christus. Sie hebt das sinnlich-leibliche Geschehen auf die geistige und geistliche Ebene. Und schon werden Erotik und Sexualität salonfähig und dem Anstößigen enthoben.

Das ist umso merkwürdiger, als das Alte Testament und die nachfolgende jüdische Tradition mit Körperlichkeit und Sinnlichkeit ganz natürlich umgehen. Im Garten Eden findet sich der Mensch in seiner ganzen Leiblichkeit. Adam und Eva sind nackt und schämen sich nicht. Zusammen mit der Gegenwart Gottes machen Natürlichkeit und Einssein mit sich selbst, dem anderen und Gott den paradiesischen Zustand aus. Hier herrscht Leben in seiner Ganzheitlichkeit und Fülle. Der Sündenfall hat nichts mit dem zu heftigen Ausleben sexueller Begierden zu tun. Sünde meint Selbststeigerung und Vermessenheit, den Drang zu grenzenlos übersteigertem Leben und das schuldhafte Zerbrechen liebender Beziehungen zwischen Gott und Mensch.

Auch im Neuen Testament wird die Einheit zwischen Körper, Geist und Seele betont. Den Tendenzen, die Körperlichkeit zu verachten, wird massiv begegnet. Zur Menschlichkeit gehört Leiblichkeit. Das Bild des Paulus von der Kirche als einem lebendigen Organismus, in dem Fuß und Hand, Auge, Ohr und alle Organe sich gegenseitig ergänzen und deshalb geehrt werden sollen, spricht eine beredte Sprache. Ein anderes Bild des Paulus ergänzt diese positive Sicht: Der Körper ist ein Tempel des Heiligen Geistes. Darum muss der Mensch auf sich ganzheitlich Acht haben, muss Körper, Seele und Geist gleichermaßen achten und pflegen.

Dass sich im Neuen Testament auch andere Spuren finden, dass Ehe und Sexualität die Hochschätzung verweigert wird, liegt an der Erwartung des baldigen Weltendes und der Konzentration auf das Reich Gottes, von dem die paradiesischen Zustände von einst wieder erwartet werden.

Wir können heute wieder an die besten Traditionen anknüpfen. Unser Körper ist ein Geschenk, das wir dankbar annehmen können. Wir sollen sorgfältig und liebevoll mit ihm umgehen, seine Gesetze erkennen, unsere Verantwortung für ihn in Freiheit wahrnehmen.

Wir werden uns hüten, Sklaven unseres Körpers zu werden. Körperkult, den jungen und schönen Körper zum Maß aller Dinge zu machen und den alten, kranken und behinderten Menschen zu verachten, ist eine moderne Form von Leibfeindlichkeit. Der gängige Glückwunsch „Hauptsache gesund!" missachtet das Wohlergehen unserer Seele und die geistige Gesundheit. Wir müssen alles tun, um die Harmonie von Geist, Seele und Körper zu erreichen. „Wir leben zwar nicht durch den Körper, aber auch nicht ohne ihn", sagt der Arzt und Begründer der systematischen psychosomatischen Medizin Viktor von Weizsäcker.

Zu neuer Vitalität gelangen

Die Gesundheit des Lebens beruht auf den Erkenntnissen, die wir in den vorangegangenen Kapiteln beschrieben haben. Hieran will ich anknüpfen,
wenn ich jetzt entfalte, wie wir Gesundheit erleben
und zu einer neuen Vitalität gelangen können.

Nach anstrengender geistiger Arbeit ist Bewegung wichtig, um die Harmonie der Körperfunk-
tionen zurückzugewinnen. Atmen wir kräftig und
im richtigen Verhältnis mit einem kräftigen Herzschlag, dann wird der ganze Körper durchblutet
und der Einklang mit den Drüsenfunktionen her-
gestellt. Statt immer in einer bestimmten Haltung
zu sitzen, sollten wir zwischendurch Pausen machen, uns dehnen und bewegen, um dem Körper
die harmonischen Funktionen zurückzugeben.

Aufmerksamkeit verdient auch die Beobachtung
unseres Hungers. Echter Hunger muss unterschieden werden von einem falschen Hungeralarm. Er
stellt sich ein bei übermäßigem Stress. Obwohl wir
gerade gegessen haben, spüren wir wieder Hunger,
der uns zum Naschen oder Essen verleitet. Es ist
viel heilsamer, sich statt dessen zu bewegen und
so das Hungergefühl zu überwinden. Süßigkeiten
heben zwar schnell den Zuckerspiegel, führen auch
dazu, dass wir uns gleich wohler fühlen, bewirken aber nur, dass neue Insulinmengen benötigt
werden. Dadurch wird der Blutzuckerspiegel wieder gesenkt und falscher Hungeralarm ausgelöst.

Letztlich leisten wir damit dem Altersdiabetes Vorschub.

Es ist viel vernünftiger, vor anstrengender geistiger Arbeit wenig zu essen und die Arbeit immer wieder durch Bewegung zu unterbrechen. So bleibt der Blutzucker auf einem normalen Pegel.

Durch Bewegung werden Stressreaktionen rechtzeitig auf natürliche Weise abgebaut, was die Inselzellen schont und leistungsstark erhält.

Zu einem gesunden Leben gehört also auf der einen Seite, dass wir während der Arbeit nicht unkontrolliert essen. Auf der anderen Seite sollten wir uns die Zeit nehmen, in Ruhe zu essen. Es steigert nur den Stress, wenn ich die Anspannung und das Tempo der Arbeit auf das Essen übertrage. Es tut gut, sich ganz auf das Essen zu konzentrieren und nicht gleich wieder an die nächste Arbeit zu denken. Wer sich selbst und seinen Tageslauf unterbricht, ordnet seine Gedanken, kontrolliert seine Emotionen, sammelt sich. Er hat die Möglichkeit, dankbar zu werden für das Essen und an die Menschen zu denken, mit denen er verbunden ist.

Ein festliches Essen ist ein Ereignis, das Freude bereitet, weil alle Sinne daran beteiligt sind. Zur sinnvollen Lebensgestaltung gehört auch die Kunst des kulinarischen Genießens. Es schafft Kommunikation, ein Gemeinschaftserlebnis und Begegnungen. Auch bei solchem Essen sollten wir auf eine leichte, vollwertige und abwechslungsreiche Kost achten, die jede Einseitigkeit vermeidet. So wird das Essen zur besten und heilsamen Medizin und nicht zur Belastung. Zu üppiges, zu fettes oder zu süßes Essen macht nur voll und dick! Der Hang zu schwerer Kost hat in der Regel tiefere seelische Ursachen: Kummer, der andererseits auch zur Magersucht führen kann, Stress, Einsamkeit, Enttäuschungen. Essen und Trinken können nie Ersatz für die Erfüllung seelischer Erwartungen sein.

Für eine gesunde Ernährung ist es wichtig, dass alle Nährstoffe im richtigen Verhältnis zueinander stehen. Es gibt nichts in der Natur, und wäre es noch so giftig, das unser Körper nicht in winzigen Spuren braucht.

Wir nehmen es in der richtigen Dosierung zu uns, wenn wir von den Früchten und Pflanzen des Heimatbodens leben. Hermann Geesing, ein bekannter Naturarzt, weist in diesem Zusammenhang auf den Wert von Heimat hin, „weil wir als Teil der heimatlichen Natur in ihr am besten das finden, was wir benötigen. Und zwar in den richtigen, benötigten Mengen".

Schon Paracelsus empfahl vor fünfhundert Jahren: „Wer sich krank oder elend fühlt, der sollte in seine Heimat zurückkehren. Dort, im Boden, in den Quellen, in der Luft, in den Früchten, findet er genau das, was er braucht und woran er angepasst ist, denn er stammt ja selbst aus diesem Boden."

Leider ist dieses Rezept heute nur noch sehr bedingt gültig. Wir haben die Natur geplündert.

Früchte und Gemüse sehen zwar noch aus wie früher, vielleicht sogar schöner und größer. Aber mit dem, was unsere Eltern und Großeltern ernteten, haben sie kaum noch etwas gemein. Die Ackerböden haben keine Zeit mehr, sich zu regenerieren. Die Früchte reifen unter Zeitdruck und künstlichen Bedingungen, so dass sie gar keine Möglichkeit haben, ausreichend Vitalstoffe aufzunehmen. Die Versorgung unseres Körpers mit essentiellen Nährstoffen, Vitaminen, Spurenelementen und Mineralstoffen ist selbst bei reinster Rohkost nicht mehr gewährleistet. Deshalb kommen wir oft nicht ohne zielgerichtete Ergänzung der Speisen durch die genannten Stoffe aus.

Vorbeugen ist besser als heilen

Immer wichtiger wird es, dass wir uns um Einklang mit der Natur bemühen. Schon Hippokrates, der Vater der Medizin, hat vor mehr als zweitausend Jahren auf die zwei Wege der Heilkunst hingewiesen: „Der Erste bemüht sich um die Erhaltung der Gesundheit. Der Zweite versucht, die verlorene Gesundheit wiederzugewinnen." Es versteht sich von selbst, dass der Erste wichtiger ist und vor dem Zweiten begangen werden muss. Wir müssen alles daransetzen, gar nicht erst krank zu werden, sondern gesund zu bleiben.

Die Anregungen in diesem Kapitel dienen der

Vorbeugung von Krankheiten. Es wäre wünschenswert, dass es mehr „Gesundheitsärzte" als Heilungsärzte und Therapeuten gäbe. Mit den heutigen Methoden der Untersuchungen und Messungen und mit fundierter Beratung sind viele Krankheiten zu vermeiden. Ein Gesundheitsarzt ist ein Mediziner, der nicht nur unseren Körper und seine Schwachstellen kennt. Er muss zugleich Seelsorger in der direkteren Bedeutung dieses Wortes sein und um die Zusammenhänge zwischen körperlichen und seelischen Störungen wissen. Er muss helfen, Seelenschmerzen zu erkennen, Leid zu bewältigen und heilsame Freude zu entdecken. Er muss vor krankmachendem, übersteigertem Ehrgeiz ebenso warnen wie vor gefährlichem Stress, zerstörerischen Sorgen und Ängsten. Er muss uns davon abhalten, dass wir aus uns unbewussten Motiven in die Krankheit flüchten. Und wir müssen uns öffnen für die Erkenntnis, dass alle ärztliche Kunst machtlos ist, solange wir nicht selbst das Unsere dafür tun, aktiv gesund zu bleiben oder wieder zu werden. Wir selbst sind verantwortlich für unseren Körper und unsere Gesundheit.

Viel zu häufig wird die eigene Verantwortung auf die Ärzte, die Krankenkassen und das Gesundheitssystem des Staates abgeschoben. Das fördert nur das falsche Verständnis vom Arzt als Reparateur einer kaputten Maschine und reduziert die medizinische Heilkunst auf ein hochspezialisiertes Handwerk.

Gesundheitsärzte und vor allem unser eigenes Gesundheitsbewusstsein müssen uns zu einer natürlichen Lebensweise führen. Dazu gehört, dass wir Warnsignale wie Schmerzen oder Schwindel nicht ignorieren, sondern nach den Ursachen fragen. Dabei genügt es nicht, nur nach körperlichen Symptomen zu forschen. Selbstkritisch müssen wir uns prüfen, ob und wo seelische Belastungen und Überforderungen sich körperlich niederschlagen.

Wir dürfen auch nicht bei jeder kleinen gesundheitlichen Störung harte Medikamente nehmen. Es ist viel wichtiger und sinnvoller, dass der Körper selber und mit seinen natürlichen Mitteln das stabile Gleichgewicht der Kräfte aufrechterhält und Krankheiten durch sein eigenes Abwehrsystem überwindet. Gesundheitstraining und vorbeugende Maßnahmen sollten so selbstverständlich werden, dass die Krankenkassen in „Gesundheitskassen" umbenannt werden könnten. Die Vorschläge im Rahmen der Gesundheitsreformen, die gesunde Lebensweise von Versicherten bei der Prämiengestaltung zu berücksichtigen, gehen in die richtige Richtung. Die Weltgesundheitsorganisation der UNO definiert Gesundheit als den Zustand des völligen körperlichen, seelischen und sozialen Wohlbefindens.

Gesundheit in diesem umfassenden Sinn mit ihrem für jeden Menschen gültigen Höchstmaß sollte eines der wichtigsten Grundrechte werden. Dem muss auf der anderen Seite – wie immer bei

gewährten Rechten – unsere Grundpflicht entsprechen. Unser eigener Umgang mit unserer Gesundheit in den drei Dimensionen von körperlichem,
seelischem und sozialem Wohlbefinden ist wesentlich für ein sinnerfülltes Leben. Hierzu gehört das
Gefühl, gebraucht zu werden und Verantwortung
für andere zu haben. Ohne solche Gesundheit keine Lust aufs Leben, keine Freude am Leben, keine
Kraft zum Leben!

Unser wahrer Arzt lebt in uns. Das ist unser
körpereigenes Abwehrsystem, das Immunsystem.
Es funktioniert nur richtig, wenn Geist, Seele und
Körper in einem harmonischen Verhältnis miteinander leben.

Die besten Vorbeugungsmaßnahmen gegen
Krankheiten liegen darin, das psychosomatische
Gleichgewicht herzustellen. Das kann jeder auf
seine Weise leisten: durch aktiven Umgang mit
Musik oder anderen kreativen Tätigkeiten, durch
die Pflege von guten und tragfähigen Beziehungen
zu anderen, durch Freude an der Natur und an der
Kunst, durch bewusstes, freundliches Umgehen mit
sich selbst, durch die Kunst der Lebensgestaltung,
wie wir sie in den bisherigen Kapiteln beschrieben
haben.

Wer positiv denkt, bleibt jung und gesund. Von
einer positiven Einstellung gehen Selbstheilungs-
kräfte aus, die weit mehr bewirken können als so
manche Medikamente. Dazu gehören Kenntnisse
und Einsichten, die uns unser Körper vermittelt

Ärger und Überdruss können zu Magengeschwüren führen. Virusinfektionen stellen sich häufig in Augenblicken seelischer Niedergeschlagenheit ein. Viele Erkältungskrankheiten haben nichts mit Kälte zu tun. Ihre Ursachen liegen in seelischen Verstimmungen. Die Redewendungen „Ich bin verschnupft", „Ich habe die Nase voll" weisen in ihrer Doppeldeutigkeit darauf hin.

Wenden wir diese Erkenntnisse ins Positive und ziehen wir daraus Schlüsse für ein gesünderes Leben, dann wappnen wir uns selbst gegen Erkrankungen und Anfälligkeiten.

Neueste Ergebnisse der „Psychoneuroimmunologie" besagen, dass unser Immunsystem über direkte Leitungen des Nervensystems mit unserem Gehirn verbunden ist. Jeder bewusste positive Gedanke wird umgehend an das Abwehrsystem weitergeleitet mit der Aufforderung, aktiv zu werden und die Gesundheit zu sichern. Umgekehrt lähmt jeder negative Gedanke, jede Regung der Resignation oder Verzweiflung augenblicklich die Immunbereitschaft durch das Signal „Es hat doch alles keinen Sinn! Gib auf!"

Hier liegt der tiefere Grund dafür, dass in vielen Fällen alle ärztliche Kunst erfolglos bleibt. Wenn der Patient die Hoffnung auf Heilung oder ein neues Leben bereits aufgegeben hat, werden die körpereigenen Heilkräfte blockiert. Niemand kann uns helfen, wenn uns eigene Aktivität und starker Wille fehlen.

Das ist auch meine eigene Erfahrung vor allem
in der Begleitung von Suchtkranken, Depressiven
und Menschen, die in ihrem Selbstwertgefühl ge-
stört sind. Alle gut gemeinte Hilfe, Fürsorge und
Liebe ist vergeblich, wenn im Gegenüber die Eigeninitiative nicht zu wachsen anfängt. Mehr als
Hilfe zur Selbsthilfe kann Hilfe nie sein, weder bei
seelischen noch bei körperlichen Krankheiten.

In einem gesunden Körper
wohnt ein gesunder Geist

Zur Erhaltung unserer Gesundheit gehört, dass wir
täglich nicht nur unseren Körper, sondern auch unseren Geist bewegen, bewusst und aktiv trainieren.
Der Geist gibt dem Körper die „Befehle", nimmt
seine Bedürfnisse, seine Schwächen und seine Be-
lastbarkeit wahr, legt den täglichen Trainingsplan
fest. Er wacht darüber, dass alle unsere Aktivitäten
im Dreieck von Körper, Seele und Geist austariert
bleiben. Wird das Heil allein von körperlicher
Fitness, vom täglichen oder wöchentlichen Lauf-
pensum erwartet, wird er korrigierend eingrei-
fen und sagen: „Du brauchst in einem gesunden
Körper einen gesunden Geist." Wird die geistige
Beschäftigung über alles gesetzt und der Körper
vernachlässigt, wird der seine Bedürfnisse melden.
Wir werden dann mit dem Kopf sensibel reagieren
und unserem Leib das geben, was er braucht. Wird

die Seele kurzatmig oder abgehängt, müssen Geist und Körper ihr Tempo verlangsamen und sich der Seele anpassen.

Der Sport- und Musikmediziner Gerd Schnack formuliert zehn Gesundheitsgebote:

1. Laufe viel, stärke Herz und Beine.
2. Schaff dir einen langen Atem durch Atemtraining.
3. Sitz gerade, stärke Rücken und Muskulatur.
4. Bleib elastisch bis ins hohe Alter.
5. Betreibe tägliches Gehirntraining.
6. Härte deine Knochen.
7. Stärke das Immunsystem.
8. Sorge für Stressausgleich.
9. Ernähre dich ausgewogen.
10. Rauche nicht, schränke Genussmittel ein.

Gerd Schnack legt großen Wert darauf, dass seine zehn Gebote nicht nur einseitig der körperlichen Ertüchtigung dienen. Sich gesund zu erhalten ist ein geistig-seelisch-körperlicher Prozess. In seinem Kommentar zu den zehn Gesundheitsgeboten weist er dem Geist die Führungsrolle zu. Er zitiert das biblische Wort „Der Geist ist willig, das Fleisch ist schwach." Das klingt sehr anders als die Slogans der Jogging-, Wellness- und Fitness-Wellen. Sie suggerieren, wir könnten uns allein durch regelmäßige Lauf- und Muskelübungen jung und gesund erhalten. Sie versprechen Wunder und Erfolge für das „schwache Fleisch" und sehen dabei von dem Wechselspiel zwischen Körper, Seele und Geist ab. Solche Einseitigkeit führt zu einem hohlen Körperkult, hat aber nichts mit einer hochstehenden Kultur zu tun.

Zur Gesundheit im Alter gehört die Fähigkeit, auch bei eingeschränkter körperlicher Gesundheit und alters- oder krankheitsbedingter Behinderung die verbliebenen Möglichkeiten der Lebensgestaltung voll zu nutzen. Durch meine Begegnungen mit körperlich Behinderten weiß ich, wie stark sie sich auf ihre geistigen Kräfte konzentrieren und welche Willenskräfte sie entfalten können.

Wesentlich für die Erhaltung der Gesundheit im Alter ist auch „Zähigkeit". Gemeint ist damit die Fähigkeit, Schicksalsschläge, Krankheiten und den Tod naher Menschen zu verkraften und anzunehmen. Es erfordert die anstrengende Arbeit der Seele, zu verstehen, dass Misserfolge, Rückschläge, Verluste und Niederschläge im tiefsten eine „selbstverständliche" Zugabe zum Leben sind, durch die wir wachsen und reifen. Für mich gehört diese Fähigkeit und diese Kraft zur Weisheit des Alters.

Leben contra Stress

Stress kann ein Lebenselixier sein. Wenn wir uns anstrengen und alle Kräfte in uns mobilisieren, Er-

folgserlebnisse haben und von anderen anerkannt
werden, dann tut das Geist, Seele und Körper gut.
Wir fühlen uns wohl und sind zufrieden, weil sich
die Anstrengungen gelohnt haben. Immer kommt
es auf die richtige Dosierung unserer Leistungs-
kräfte an. Übersteigerter Ehrgeiz, maßloser Egoismus, die Sucht, immer Erster, nur oben, ständig
aktiv und rastlos zu sein, Neid als Triebfeder, nicht
bewältigte Angst – das alles führt zur Überdosierung von Stress, der Gift ist für ein gesundes Leben.
Die Menge macht das Gift aus: Kleine Reize wirken förderlich, mittlere Reize stören, große Reize
lähmen. Daueranspannung und der Verlust an Beweglichkeit sind die Antwort auf ein Überangebot
an Stress. Die Überdosierung des Stress ist zum
Gesundheitskiller Nummer eins in unserer Zeit
geworden.

Stress muss durch Bewegung abgebaut werden.
Auch hier kann Musik, gezielt angewendet, helfen,
uns zu entspannen und zu lockern. Rhythmische
Bewegungen, aktives Musizieren und Tanzen
sind natürliche Mittel zum Abbau von krankmachendem Stress. Zu den entspannenden, „meditativen" Melodien gehören gregorianische Gesänge
genauso wie Spirituals und Gospels. Bei meinen
Untersuchungen bin ich auch auf eine Reihe bekannter Volkslieder gestoßen, von denen eine lö-
sende und befreiende Wirkung ausgeht. Sie beruht
auf dem ausgewogenen Verhältnis von Spannung
und Entspannung. Beim Singen und Hören spüren

wir, dass uns dieses Maß gut tut und wir uns wohl fühlen.

Dass Musik auch die Seele motiviert und beflügelt, ist bekannt. Wer auf den Zusammenhang von Körper und Seele achtet, entdeckt beim gezielten Einsatz von Musik in der Therapie eine Wechselwirkung von psychischer Motivation und körperlichem Antrieb.

Ein erprobtes Mittel zum Abbau von Stress ist der Tanz. Tanz ist mehr als Bewegung und sportliche Aktivität, als anstrengendes oder belastendes Funktionstraining für den Körper. Im Tanz schulen wir unsere gesamte geistige, seelische und körperliche Beweglichkeit. In Verbindung mit unserem Gehör wird der Gleichgewichtssinn gestärkt und die Flexibilität des Geistes und des Körpers erhöht. Tanzend beeinflussen wir unsere körperlichen Rhythmen, regen sie an und balancieren sie aus. Dem Einfluss von Bewegung kann sich unser vegetatives Nervensystem nicht entziehen.

Tanzen ist Ausdruck tiefster Lebensfreude und Bewegung mit allen Sinnen. Es befreit aus Unbeweglichkeit und Starre. In den letzten Jahren hat der Seniorentanz viele Freunde gefunden. Überall finden sich Gruppen, die die heilsame Wirkung des Tanzens erfahren. Nachweislich werden durch Tanzen gerade bei älteren Menschen eingefahrene Bewegungsmuster verändert und verjüngt. Das beugt einer Tendenz vor, die wir als Gefahr beim Älterwerden erkennen: Ältere Menschen neigen dazu, sich zur Ruhe zu setzen, bequem und manchmal auch „stur und starr" zu werden. Tanzen vermindert und verhindert solche einseitigen Tendenzen und Gefahren.

Tanzen wirkt auch auf den Geist. In einer alten Legende aus Frankreich wird von einem Gaukler erzählt, der des Herumreisens und seines unsteten Lebens müde geworden war. Er trat in ein Kloster ein. Täglich nahm er an den Gebeten der Brüder teil. Aber er konnte nicht recht beten und wurde immer unglücklicher. Eines Morgens blieb er dem Gebet fern, nahm sein Gauklerkostüm und suchte sich einen der hintersten Räume. Er kleidete sich wieder als Gaukler und begann zu tanzen. Immer größer wurden seine Bewegungen, immer höher seine Sprünge, bis er ganz außer Atem war. Ein Bruder war ihm heimlich gefolgt und beobachtete ihn durchs Fenster. Am nächsten Morgen wurde der Gauklerbruder zum Abt gerufen. Er warf sich vor ihm auf die Knie, bat um Vergebung für seine Sünde und sagte zu dem Abt, dass er wieder auf die Straße gehen wolle. Der aber antwortete ihm: „Du hast mit deinen Bewegungen Gott gelobt. Du hast ihn mehr gepriesen als wir mit unseren dürftigen Worten." Dann beugte er sich zu ihm herab, richtete ihn auf und küsste ihn.

Im Geist jung bleiben

Das wirksamste Mittel, jung und gesund zu bleiben, liegt im geistigen Training. Immer noch müssen wir gegen das Vorurteil kämpfen, dass ältere Menschen nichts mehr lernen können und geistig zum „alten Eisen" gehören.

Unser Unterbewusstsein wird so wenig alt wie unsere geistig-seelischen Fähigkeiten, wie Geduld, Güte, Wahrheitsliebe, Demut, Hilfsbereitschaft und Nächstenliebe. Geistige Lebendigkeit bleibt bis zum letzten Atemzug grundsätzlich vorhanden und möglich. Wir müssen sie nur trainieren, weiterentwickeln und konsequent anwenden. Dann bleiben wir im Geiste jung.

Dazu dient auch das Gedächtnistraining, in dem das Gedächtnis spielend trainiert wird. Das geschieht in Gruppen unter Anleitung. Ohne Leistungsdruck und Konkurrenz wird Resignation rückgängig gemacht. Sie ist häufig Ursache für ein schwaches Gedächtnis und tritt öfter auf als Krankheiten, die das Gehirn zerstören. Das Gehirn wird durch das Training so angeregt, dass auch alle anderen Organe arbeiten. Das Interesse an sich selbst und an der Welt wird wieder lebendig, Anregungen zur Sinngebung des Lebens werden vermittelt.

„Jeder Mensch ist so jung, wie er sich fühlt." Das ist keineswegs ein trivialer Satz und Allgemeinplatz. Diese Erkenntnis haben viele junggebliebene ältere Menschen selbst gewonnen. Es wird immer wichtiger, in der dritten Lebensphase sich selbst aktiv zu betätigen und die vielen Angebote zur Aus- und Weiterbildung zu nutzen. Besonders empfehlenswert sind die Möglichkeiten im künstlerischen Bereich. In ihnen trainieren wir ganzheitlich, regen Geist, Seele und Körper zugleich an und beugen einer einseitigen Lebensgestaltung vor. Aus der Musiktherapie weiß ich, dass das Spielen von Instrumenten bis ins hohe Alter erstaunliche Wirkungen hat. Es erhält die geistige Beweglichkeit, weil es einen direkten Zusammenhang zwischen der Motorik unserer Bewegungen und entsprechenden Funktionen in unserem Gehirn herstellt. Es gibt keine Art von Bewegung, die eine so differenzierte Feinmotorik erfordert und trainiert wie das Instrumentalspiel.

Auch das Singen hält uns jung und gesund, denn es macht uns zum Klangkörper, beschwingt uns, beseelt und bewegt, bringt uns mit uns selbst in Einklang, harmonisiert Körper, Geist und Seele, befreit aus Zwängen, Isolation und Einsamkeit.

Begeisterung hält jung

Wer sich begeistern kann, hat nicht nur mehr vom Leben, sondern bleibt jung und gesund. Begeisterung und die Kraft der Selbstbegeisterung wirken auch im Alter Wunder. Das, was uns wichtig ist, können wir mit Energie und einer zielgerichteten

Konzentration tun. Ältere Menschen sind befreit
von vielen beruflichen und privaten Zwängen
früherer Jahre. Sie können freier wählen, was sie
tun und brauchen. Sie können das Gewählte bewusster und intensiver tun. Mit Lust und Freude
können sie sich besser konzentrieren als in jungen
Jahren. Wer sich begeistert, bleibt geistig beweglich,
schärft seine Aufmerksamkeit, verbessert sein Gedächtnis, sein Denk- und Kombinationsvermögen.
Andererseits verschafft uns Begeisterung Glücksgefühle, aber auch Seelenruhe, Freude an schönen
Dingen und an dem, was uns selbst gelungen ist.
Eine große Chance liegt darin, sehr bewusst das
auszuwählen und zu tun, was einen glücklich und
zufrieden macht. Niemand ist verpflichtet, sich
selbst unglücklich zu machen! Die Kunst, manches
zu lassen, vorhersehbaren Ärger und unnötige Belastungen zu vermeiden, ist Teil der Lebenskunst
gerade im Alter.

Wir wissen, dass Begeisterung auch körperliche
Auswirkungen hat. Sie hilft bei der Verdauung,
verbessert den Stoffwechsel, verhindert nervöse
Spannung, verbessert die Muskelkraft, regt Herz
und Kreislauf an, steigert die Hormontätigkeit. Sie
weckt die Sinne auf und schafft körperliches Wohlbefinden.

Der eigentliche Beweggrund für unsere Begeisterung aber liegt in unserer positiven Einstellung. Um
sie müssen wir uns mühen. Begeisterung braucht
täglich neue Nahrung wie der Mensch das tägliche

Brot: Erfahrungen mit guten Begegnungen, Freude an schönen Dingen, guten Worten, glücklichen Beziehungen, an der Schönheit der Natur, an der Kunst und an der Liebe. Hoffnung und Glaube vermitteln uns positive Botschaften, auf die unser Körper unmittelbar und positiv reagiert. Tun wir alles, damit unsere Hoffnung sich weit ausstreckt und unser Glaube uns ganz erfüllt! Dann verstärken sich unsere Lebensenergien, dann bleiben wir beweglich und begeisterungsfähig, dem Leben und den Menschen zugewandt.

Loslassen und gewinnen

Wer loslässt, gewinnt

Leben ist eine Leihgabe auf Zeit. Es umgreift die Spanne zwischen Geburt und Tod. Nirgends wird das deutlicher als auf einem Friedhof. Du stehst vor Grabsteinen und liest Eigennamen und Familiennamen, Geburts- und Todesdaten. Am eindrücklichsten habe ich auf deutschen Soldatenfriedhöfen in Frankreich erlebt, dass der Tod ohne Unterschied jedes menschliche Leben begrenzt. Ein Meer von Grabsteinen überschaute ich, alle gleich gestaltet, alle nur mit Namen, Anfangs- und Enddaten beschriftet.

Wanderer durch die Zeit sind wir, die uns zugemessen ist. Pilger, die unterwegs sind, sagte man früher, von Ort zu Ort gehend, ohne je ganz zu Hause zu sein. Geprägt von der Ahnung, von dem in uns schlummernden Wissen: Wir haben hier keine bleibende Heimat. Nichts ist beständiger als der Wechsel. Ob wir wollen oder nicht: Wir leben immer zwischen Abschied und Aufbruch, stehen ständig an Ufern, schauen zurück und nach drüben, werden festgehalten und zugleich fortgezogen, wollen bleiben im Vertrauten und müssen doch hinüber ans jenseitige Ufer. Wir können nicht zweimal in

denselben Fluss steigen, sagt Heraklit. Es gibt im
Leben keine Rückkehr an denselben Ort.

Alles hat seine Zeit. Es ist wichtig, sich das bewusst zu machen. Solches Bewusstsein verhindert,
dass ich blindlings in den Tag hinein- und drauf-
loslebe nach der Devise „Lasst uns essen und trinken (arbeiten und genießen), denn morgen sind wir
tot!" Es bewahrt mich davor, zu resignieren, aber
auch zu verdrängen, was mir zugemutet wird: die
Ortswechsel, das Leben in Tälern und auf Höhen,
das Stehen auf Schwellen, das mich herausfordert,
mich in Frage stellt, mir Entscheidungen darüber
abverlangt, was ich will und was ich nicht will, was
ich kann und was ich nicht (mehr) kann.

Alles hat seine Zeit. Einer der klarsten und eindrücklichsten Texte zum Wechsel und Wandel in
unserem Leben findet sich beim Prediger Salomo
im dritten Kapitel:

„Ein jegliches hat seine Zeit, und alles Vorhaben
unter dem Himmel hat seine Stunde: geboren werden hat seine Zeit, sterben hat seine Zeit; pflanzen
hat seine Zeit, ausreißen, was gepflanzt ist, hat seine Zeit; töten hat seine Zeit, heilen hat seine Zeit;
abbrechen hat seine Zeit, aufbauen hat seine Zeit;
weinen hat seine Zeit, lachen hat seine Zeit; klagen hat seine Zeit, tanzen hat seine Zeit, … suchen
hat seine Zeit, verlieren hat seine Zeit; behalten hat
seine Zeit, wegwerfen hat seine Zeit; zerreißen hat
seine Zeit, zunähen hat seine Zeit; schweigen hat
seine Zeit, reden hat seine Zeit; lieben hat seine Zeit,

hassen hat seine Zeit; Streit hat seine Zeit, Frieden hat seine Zeit."

Das klingt sehr nüchtern, scheint einleuchtend und klar zu sein. Aber es selber zu beherzigen, zu erkennen, was jeweils „dran" ist, uns gar zu öffnen dafür, dass auf Streiten Friede folgt, auf Hassen Liebe, auf Weinen und Klagen Freude, das fällt jedem Menschen schwer. Wir leben mit allen Sinnen ganz in den Zeiten entweder des Aufbauens, des Gelingens oder der Trauer, des Verlierens und der Hoffnungslosigkeit. Darum lassen wir uns in den dunklen Phasen durch den Hinweis auf das Ende dieser Zeit und den kommenden Wechsel kaum in unserem Lebensgefühl beeinflussen.

Wir alle wollen festhalten und können nur schwer loslassen. Wir haben Mühe damit, das Leben in die Veränderung hinein freizugeben. Letztlich wollen wir nicht akzeptieren, dass wir Gäste sind auf dieser Welt, Wanderer, Menschen vor Grenzen.

Jeder hängt an seinem Lebensentwurf, will sein Leben selbst gestalten und in den Griff bekommen. Jeder will frei und unabhängig sein. Das macht uns stark. Aber es kann uns auch starr und unbeweglich machen.

Wir halten fest an den Ideen, die wir entwickelt haben. Wir haben Lebensträume, Bilder im Kopf und feste Vorstellungen, die nicht ins Wanken geraten dürfen.

Ich kenne Mütter und Väter, die ihre Kinder wie einen Besitz ansehen. Sie können sich nicht öffnen

dafür, dass ihre Tochter oder ihr Sohn eigenständige Persönlichkeiten sind, die zwar *durch* sie als
Eltern kommen, aber nicht *von* ihnen.

Kinder gehören uns nicht. Und doch versuchen
viele Eltern, ihre Kinder sich gleich zu machen oder
nach ihren Vorstellungen zu formen. Sie nabeln
sich selbst nicht ab, entlassen sie nicht in ihre eigene Freiheit. Indem sie die Kinder festhalten wollen,
bringen sie sich selbst um die Chance, in der Le-
bensmitte ein zweites, freieres Leben zu beginnen,
in dem sie selbst unabhängiger sind und dadurch
bereichert werden, dass sich Eltern und Kinder auf
einer neuen Basis begegnen.

Umgekehrt kenne ich Menschen, die haben sich
nicht von ihrer Mutter oder ihrem Vater abgenabelt.
Das Muttersöhnchen ist bekannt, das sich eine Frau
sucht nach dem Bild von der eigenen Mutter. Die
Tochter, die sich mehr zu ihrem Vater oder dem vertrauten Elternhaus hingezogen fühlt als zu ihrem
Mann, entspricht dem Muttersöhnchen.

Neuanfänge muss es nicht nur im familiären Bereich geben. Auch unsere Einstellungen müssen wir
ständig überprüfen und eventuell revidieren.

Es gibt Menschen, die dauernd sagen, man
müsste, man sollte, man könnte dieses oder jenes
ändern. Sie entwickeln Ideen, wie man moralischer
und anständiger leben sollte. Sie schimpfen auf die
schlechte Politik und die unglaubwürdigen Politi-
ker, reden sehr allgemein von der Menschheit und
machen Weltverbesserungsprogramme. Aber sie

sagen nie „Ich", nie „Ich will", „Ich kann", „Ich
möchte mich ändern". Sie halten Reden, aber in
ihnen schwingt keine eigene Betroffenheit mit. Von
der Arbeit an der eigenen Person ist nichts zu spüren. Diese mangelnde Bereitschaft, neu anzufan-
gen, drückt sich auch in den Werturteilen aus, die
wir vertreten.

Ich bin immer skeptisch, wenn Menschen hohe moralische Postulate herausschleudern: „Wir
müssen die alten Tugenden wie Pflicht, Ordnung
und Disziplin wieder beleben!" Wenn Normen
wie ein ehernes Gesetz verkündet werden, wenn
Abtreibung als Mord gebrandmarkt wird, wenn
die Jugend von heute als aufsässig, die Arbeitslo-
sen als faul, die Ausländer als störendes Gesindel
bezeichnet werden, dann wittere ich Projektionen
und borniert Oberflächlichkeit.

Wer solche pauschalen Urteile fällt, erspart sich
die genaue Prüfung von Problemen, sieht nicht in
einzelne Gesichter und verspricht sich und anderen
das Heil von einfachen Lösungen. Es gibt viel zu
viele Meister im Vereinfachen, die schwarz-weiß
malen, die die komplexen Probleme ausblenden
und ihre eigene Sicht absolut setzen. Ich treffe viel
zu viele an, die von ihren Vorurteilen leben, darauf
fixiert sind und darum verschlossen für Argumente
anderer. Sie nehmen die Probleme nicht offen wahr
und sind nicht bereit, ihren Standpunkt zu überprüfen. Wie viel Etiketten werden anderen täglich
auf die Stirn geklebt: Du bist konservativ oder

progressiv, links oder rechts, von gestern oder ein
Spinner. Wie leicht stecken wir andere in Schubla-
den: „Auch so ein Versager, einer von der anderen
Partei, ein Fundamentalist, typisch für Homosexu-
elle!" Immer sind hier Vorstellungen im Spiel, die
den freien Blick verstellen. Bilder und Vorbilder,
Sinn- und Zielvorstellungen können zum Brett vor
dem Kopf werden. Bretter sind hart!

Vorstellungen und Fixierungen haben ihren
Grund aber nicht nur in mangelnder Flexibilität,
die sich mit dem Alter vielleicht einstellt oder verstärkt. Sie sind auch und vor allem ein Ausdruck
von Angst. Unsere Festlegungen können zu Krü-
cken werden, ohne die wir nicht gehen können. Tief
unten sitzt oft die Angst, sich auf Fremdes, auf andere Menschen und ungewohnte Verhaltensweisen
einzulassen. Ich spüre, dass der Mörder etwas in
mir wachruft, was ich von mir selber auch kenne und nicht wahrhaben möchte: Hass, Brutalität,
ungehemmte Aggression. Hinter der lautstarken
Empörung über die Scheidung des Bruders und der
Schwägerin und der Verurteilung „Keiner darf sich
scheiden lassen" steckt die eigene Verunsicherung,
die nicht zugegeben werden darf, weil sonst meine mühsam zurechtgezimmerte Welt zerbricht. So
wird ein künstliches Selbstbewusstsein aufrecht-
erhalten.

Wenn wir so bei uns selbst bleiben, können wir
auch nicht in tragfähigen Beziehungen leben. Wir
verharren innerhalb unserer eigenen Mauern, aber

werden nicht frei. Wir leben dann in Zwängen und gelangen nicht über uns hinaus.

Wer loslässt, gewinnt. Aber loszulassen verunsichert und macht Angst. Eigene Verunsicherung zuzugeben fällt schwer und ist doch der erste Schritt, um loszulassen und sich selbst zu gewinnen. Damit beginnt das Wagnis meiner eigenen Freiheit. Wir können uns nur weiterentwickeln, wenn wir die starren und künstlichen Bilder wie in einem Bildersturm aus unserem Kopf heraustreiben.

Ich muss meine Vorstellungen von mir selbst und von anderen loslassen. Das fällt neurotisch Veranlagten besonders schwer. Sie sind in sich selbst gefangen, hausen gleichsam im Kerker ihres eigenen Selbst. Sie erfahren sich als unerträglich, mögen sich nicht und können sich nicht annehmen. Sie sind von Sinnlosigkeit und Leere bedroht, werden sich selbst zur Hölle. Sie wollen aber zugleich das Leben erzwingen, etwas herauspressen und geraten so selber unter Zwang. Denn sie meinen, für alles verantwortlich zu sein, werden darin maßlos, überfordern sich total, werden nie zufrieden und glücklich.

Wir könnten solches Verhalten als Krankheit leicht abtun, auch wenn viele unter Neurosen leiden. Wir könnten einfach sagen: „So bin ich doch nicht!" Aber dann würden wir nicht ernst nehmen, dass wir alle mit der Notwendigkeit, loslassen zu müssen, zu kämpfen haben. Veränderungen, Ortswechsel, Umzüge, Krisen und Verlusterfahrungen

fordern jeden Menschen hart. Sie wirken bedroh-
lich und engen uns ein.

Wer frei sein will, erlebt die Gefährdungen durch
Unfreiheit besonders tief. Wer sagt: „Ich bin meines
Glückes Schmied", muss zugleich anerkennen, auch
seines Unglückes eigener Schmied zu sein. Wer
ganz und gar sein eigener Herr sein will, wird damit zugleich sein eigener Knecht. Wer an sich selbst
glaubt und an nichts anderes, wird ganz auf sein
Ich zurückgeworfen. Er wird in Grenzerfahrungen
und in Extremsituationen spüren: „Ich bin selbst
nicht programmfüllend." Wer nur in den Liebes-
affären mit seinem eigenen Ich lebt, wird sich und
seine Kräfte darin erschöpfen.

Es tut keinem Menschen gut, an sich selbst und
die Zwänge, die er selbst produziert, verkauft zu
sein. Er wird seine Sorgen um sich selbst nicht mehr
los. Er kann sich von seinem Versagen und seiner
Angst nicht selbst freisprechen, ohne ein verste-
hendes oder liebendes Gegenüber. Er kann auch
seine Zwänge, die Verantwortlichkeitszwänge, die
Vollkommenheitszwänge, die moralischen und die
Glaubenszwänge nicht mehr abgeben – er hat nur
noch sich selbst.

Ich gewinne mich selbst nur, wenn ich mich und
meine Zwänge loslassen kann. Es gibt viele Situationen im Leben, wo die Tür zu meinem Innern
von außen geöffnet werden muss. Das gilt nicht nur
für Depressive, sondern auch für Menschen, die
einsam sind, resigniert haben, an die Trauer oder

den Schmerz gekettet sind. Sie haben das Vertrauen ins Leben, in andere Menschen und in sich selbst verloren. Manchmal treiben die harten Schläge des Schicksals uns dieses Urvertrauen aus: Wir scheitern, wir versagen, wir brechen zusammen unter Schuld oder Versäumnissen.

Es gibt Augenblicke, da können wir uns selbst nicht mehr aushalten. Dann tut die Nähe eines Menschen gut. Dann lässt seine Stimme aufhorchen, dann hilft mir seine Zuwendung, die Welt und mich selbst neu zu sehen. Dann macht seine Nähe gesund und gut. Dann kann ich mich befreit aussprechen, fühle mich nicht klein, gedemütigt und schuldig, sondern aufgehoben, ermutigt und gestärkt. Aber ich muss selbst solche Nähe verstehender Menschen suchen und sie zulassen. Ich muss aufbrechen aus meiner Gefangenschaft, das Wagnis eingehen und mich öffnen. Ich muss ehrlich und offen von mir selbst sprechen, nichts verschweigen und nichts verdrängen.

Um von mir selber loszukommen, ist es hilfreich, Gelassenheit einzuüben, suchend, bittend und konzentriert. Mir hat ein altes amerikanisches Gebet in kritischen Lebenssituationen und in großen Belastungen sehr geholfen. Es lautet: „Gott gebe mir die Gelassenheit, Dinge hinzunehmen, die ich nicht ändern kann; den Mut, Dinge zu ändern, die ich ändern kann, und die Weisheit, das eine vom anderen zu unterscheiden." Später entdeckte ich, dass diese Worte auch der Wahlspruch der Anonymen Alkoholiker und ihrer Angehörigengruppen ist. Sie haben in Kämpfen und unter großen Anstrengungen gelernt, mit ihren eigenen und den Grenzen anderer zu leben. Sie wollen nicht andere ändern, nur sich selbst. Und nehmen sich das nur für vierundzwanzig Stunden vor. Sie wissen, dass mehr sie überfordern würde.

Konzentration und Klarheit gehören dazu. Aber auch das Wissen: Ich bin nicht für alles verantwortlich und zuständig. Ich bin ich, mit meinen Möglichkeiten, aber auch mit meinen Grenzen.

Eine alte Fabel macht das sehr schön deutlich:

Ein Vogel lag auf dem Rücken und hielt beide Beine starr gen Himmel gestreckt. Ein anderer Vogel kam vorüber und fragte verwundert: „Warum liegst du so da? Und warum hältst du die Beine so starr?" Da antwortete der erste Vogel: „Ich trage den Himmel mit meinen Beinen. Wenn ich losließe und die Beine abzöge, würde der Himmel herabstürzen!" Kaum hatte er das gesagt, da löste sich ein Blatt vom nahen Eichbaum und fiel leise raschelnd zur Erde. Darüber erschrak der Vogel so sehr, dass er sich geschwind aufrichtete und spornstreichs davonflog. Der Himmel aber blieb an seinem Ort.

Kein Mensch muss den Himmel, die ganze Last der Welt, auch nicht sich selbst tragen! Wer das meint, überfordert sich, wird zwanghaft und ist voll unnötiger Angst. Wer loslässt, gewinnt Distanz von sich selbst und seinen Verkrampfungen, wird gelassener, freier und fröhlicher.

Am Fuße des Leuchtturmes ist es immer dunkel. Entfernen wir uns von ihm, sehen wir sein Licht. Wir werden dann fähig, uns selbst mit unseren Ängsten und Schwächen, aber auch mit unseren Gaben und Fähigkeiten anzunehmen. Wir werden aufhören, gegen verschlossene Türen zu rennen. Wir werden andere bitten, sie zu öffnen. Wir werden uns ausstrecken nach Liebe, nach der zärtlichen Leichtigkeit, die sie schenkt, und uns in ihr wie in einem weiten Mantel bergen. Wir werden instandgesetzt, das zu tun, was Rudolf Otto Wiemer so sagt: „Drehen Sie mal das Fernrohr um. Welche Wohltat zu sehen, wie klein die Sorgen dann werden!"

Loslassen ist aber nicht nur eine Frage des Wollens und des Denkens mit dem Kopf. Das Wissen ist viel weniger wichtig für unser Leben als das Vertrauen. Die wichtigsten Regungen und Entscheidungen erfolgen unreflektiert und insofern auch unbewusst. Liebe, Glaube, Vertrauen, Freiheit und Verantwortung haben ihren eigentlichen Ort im Unterbewusstsein. Darum müssen wir uns mit unserem Unterbewusstsein anfreunden. Vertrauensbildende Maßnahmen, die unten wirken und nach oben gelangen, sind notwendig.

Wenn wir loslassen und gewinnen wollen, müssen wir unser Unterbewusstsein beeinflussen. Das kann im Halbschlaf, in den Aus-Zeiten und Tagträumen unseres Lebens geschehen. Da verdichten wir das, was wir loswerden, und das, was wir erhalten möchten, in einem einzigen Satz wie z. B.: „Ich lasse los, bin entspannt und gewinne neue Kraft." Hier helfen das Autogene Training und verwandte Methoden. Glaubende finden Hilfe im Gebet und sagen z. B. den Satz: „Meine Zeit steht in deinen Händen." Sie wenden sich weg von sich und hin zu Gott.

In früheren Zeiten „kauten" die Menschen einen Psalm oder einen Satz, damit dieses Wort ihnen zur geistig-geistlichen Nahrung wurde. Solche Sätze können wir auch auf die Melodie eines bekannten Liedes singen und summen.

Ich möchte Mut machen, das Loslassen in Entspannungsübungen zu trainieren. Besonders hilfreich sind hier die Atemübungen, weil das Zusammenspiel von Atmung und Psyche besonders intensiv ist. Die Atmung spiegelt unsere Gemütslage wider. Angst, Freude, Aufregung, Erleichterung werden in unserem Atmen spürbar. Durch bewusstes Atmen können wir Körper, Seele und Geist beeinflussen. Richtiges Atmen ist der einfachste Weg zur Steigerung unserer inneren Selbstwahrnehmung und Entspannung. Indem wir Atemrhythmus und Pulsschlag aufeinander abstimmen, versetzen wir den Körper in harmonische Schwingungen, die schließlich einen psychischen und physischen Entspannungszustand hervorrufen.

Die meisten Menschen atmen falsch, atmen tief ein, halten die Luft an und atmen ruckartig aus. Zu flaches und zu schnelles Atmen und ein hektischer Atemrhythmus können in Verbindung mit einer schlechten Körperhaltung zu Ermüdung, Nervosität und Verkrampfungen führen. Ziel ist die „Passivierung" des Atmungsablaufes, das Geschehenlassen: „Es atmet mich", heißt es im autogenen Training. Wie Atmen und Loslassen zusammenfallen können, fand ich in einem schönen Text, dessen Autor mir unbekannt ist. „Loslassen" ist er überschrieben.

Ich atme tief aus
und lasse los.
Tausend Stimmen habe ich heute gehört.
Ich weiß die Worte nicht mehr,
und doch haben sie sich in meiner Seele festgesetzt.

Ich atme tief aus
und lasse alle die Stimmen verstummen.

Tausend Gedanken kommen und gehen,
wohltuende und erschreckende,
vergehen und halten mich fest.
Ich bin voll davon und erfüllt,
gesättigt und erschöpft.

Ich atme tief aus
und lasse all die Gedanken verfliegen.

Tausend Worte habe ich gesprochen,
nützliche und unnütze,
Worte, die streicheln,

Worte, die verletzen,
heilsame Worte und Worte voller Unheil.

Ich atme tief aus
und lasse all die Worte fallen.
Ich atme tief aus
und lasse los, was mich noch festhalten will,
das Verkrampfte – das Gedrückte,
das Enge – das Bittere,
das Kleingläubige – das Lieblose.

Ich atme tief aus
und lasse dann all das in mich einströmen,
was mir Frieden und Erleichterung schenkt,
das Gute – das Schöne,
das Gesunde – das Heile,
das Göttliche – das Befreiende.

Ich lasse all das einströmen
in meinen Körper,
in meinen Geist,
in meine Seele –
befreiendes Leben,
neue Hoffnung,
Ruhe für die Nacht.

Alle Atem-, Entspannungs- und Meditations-
übungen, mit und ohne Musik, sind Mittel, das
geistige und seelische Loslassen zu fördern. Der
Geist, das Denken und der Verstand können dies

nur in den seltensten Fällen allein bewirken. Immer geht es darum, die Wechselwirkung zwischen Geist, Seele und Körper in Gang zu setzen und zu beleben.

Musik baut Angst ab und entspannt

Angst ist die tiefste Ursache dafür, dass wir nicht loslassen können. Dabei ist es nicht wichtig zu unterscheiden zwischen der Angst, die uns ganz beherrscht und verkrampft, und der Furcht, die sich auf etwas Konkretes richtet, etwas, das mir bevorsteht und zur schwarzen Wand wird. In jedem Fall sind wir blockiert oder gelähmt, fühlen wir uns eingeengt und zugeschnürt.

Dass Musik Angst vertreiben kann, kennt jeder. Wer nachts durch einen dunklen Wald geht, beginnt zu pfeifen oder zu singen, um die Angst zu übertönen. In vielen Kulturen trieb man die bösen Geister mit Lärm und lauten Geräuschen aus. Die Silvesterbräuche bei uns mit der Knallerei und dem Feuerwerk haben hier ihre Wurzeln. Der Tiefenpsychologe C.G. Jung spricht deshalb vom „Lärm als Kompensation der Angst".

Sogar vor Operationen wird Musik heute gezielt eingesetzt. Wird die für den Patienten lebensgeschichtlich bedeutsame Musik ausgewählt, lenkt sie ihn ab, löst Verkrampfungen und Ängste, beruhigt und erleichtert.

Aus der Wirkungsforschung der Musik wissen wir inzwischen, dass Angst abbauende Musik eine Reihe physiologischer Veränderungen im Organismus hervorruft, die den körperlichen Angstreaktionen entgegentreten. Je nach Empfänglichkeit für Musik wird der Patient frei, hört zu und macht mit bei allem, was mit ihm geschieht. Sein Vertrauen wird gestärkt. Im Gegensatz zur weit verbreiteten Meinung, dass Entspannung auf Passivität, Regression und Monotonie beruhe, setzt sich inzwischen die Erkenntnis durch, dass Entspannung keinen passiven Zustand darstellt, sondern einen aktiven, der zunächst eine Spannung bewirkt. Es geht hier wieder um den natürlichen Zusammenhang von Spannung und Entspannung. Die Spannung erst ermöglicht eine Entspannung, und erst durch Entspannung wird Spannung wieder möglich.

Entspannungsübungen werden oft benutzt, um kurzzeitig eine körperlich-seelische Harmonie herzustellen. Viel tiefer und nachhaltiger sind solche Übungen mit Musik, wenn sie das Ziel verfolgen, Schmerzen und Freuden, Ängste und das Loslassen erlebbar zu gestalten. Dann spüren wir unsere Gefühle intensiv, erleben sie bewusst und können besser mit ihnen umgehen. Wir sind dann auch fähig, uns mit unseren eigenen Konflikten und psychosomatischen Störungen kreativ auseinander zu setzen. Man spricht von einer „Resonanzdämpfung der Affekte", die die Ausbreitung heftiger negativer Gefühle verhindert.

Stille schafft Kraft

Richtig ausgewählte und konzentriert gehörte Musik vermittelt Entspannung und Lebenskraft. Sie klingt in uns nach in erfüllter und gefüllter Stille. Wir leiden heute schmerzlich einerseits unter einem Verlust an Stille und andererseits unter der Unfähigkeit, sie auszuhalten und zu nutzen. Darum fällt es vielen so schwer loszulassen. Der Schriftsteller und Journalist Rüdiger Liedtke beschreibt in seinem Buch „Die Vertreibung der Stille", wie uns das Leben unter der akustischen Glocke um unsere Sinne bringt.

Unsere Augen lassen sich schließen, unsere Nase können wir zuhalten. Allein dem Hören sind wir gnadenlos ausgeliefert. Ständig sind wir von Klangtapeten und Musikteppichen umgeben, beim Aufwachen und Einschlafen, beim Essen und während der Arbeit, beim Einkaufen und im Auto. So wird eine dauernde, meist unbewusste Anspannung erzeugt. Sinne und Nerven werden unablässig gereizt, so dass man von einer „Hinrichtung der Sinne" sprechen kann. Sie werden abgestumpft, apathisch und reizhungrig zugleich. Unsere Sinne lassen das Lauteste und Schreiendste ohne Regung passieren. Gleichzeitig werden sie gekitzelt und angestachelt. Sie werden zu Narkoseinstrumenten. Die Folge: Leises, Zärtliches und Unauffälliges geht unter.

Wenn wir hier nicht gegenhalten, wird sich das unheilvoll auf unsere Lebensführung auswirken.

Wir verlieren den Geschmack für das Unendliche, die verborgenen Geheimnisse, die Kraft der Stille, den Segen des Schweigens.

Das Aufreizende und Betörende wird zur beherrschenden Macht, die uns im Griff hat. Wir werden mehr gelebt, als dass wir selbst leben. Wir finden Zerstreuung, aber keine Sammlung.

Stille kann die lauten Stunden erlösen, aus der Oberflächlichkeit in die Tiefe führen, aus der Fremde des Lärms in die Heimat innerer Ruhe. Wir selbst kommen aus der Stille, werden aus dem Schweigen und Warten geboren. Wir entfalten unsere Kräfte nur mit offenen und wachen Sinnen, nicht mit überanstrengten, aufgepeitschten und überhitzten. Der dänische Philosoph und Theologe Sören Kierkegaard hat vor hundertfünfzig Jahren gesagt: „Und wenn ich ein Arzt wäre und mich jemand fragte: Was meinst du wohl, was getan werden sollte? – Ich würde antworten: Das Erste, die unbedingte Bedingung dafür, dass überhaupt etwas getan werden kann, ist: Schaff Schweigen, hilf anderen zum Schweigen!" Alles, was uns zu uns selbst bringt, was Menschen zueinander führt und tief verbindet, alle guten und weiterführenden Gedanken, Ideen und Taten wachsen aus der Stille und dem konzentrierten Schweigen. Nur aus erfüllter Ruhe entspringt ein gefülltes Leben. Nur die Stille schafft Kraft. Wenn du dich nicht fallen lässt, kannst du nicht erfahren, dass du getragen wirst.

Mit den Grenzen des Lebens bewusst umgehen

Es wird viel über die Grenzen unseres Lebens gesprochen und geschrieben. Die Grenzen des Fort-
schritts sind uns allen bewusst geworden, seit wir
spüren: Der Mensch kann alles, sogar in wenigen
Sekunden die Welt zerstören. Wir tun uns schwer
damit, die Grenzen der Machbarkeit festzulegen.
Genetik und Gentechnologie, die Möglichkeiten
zur künstlichen Verlängerung des Lebens und das
Wachsen eines Kindes im toten Leib der Mutter, die
Debatten um passive und aktive Sterbehilfe zeigen,
dass das Wort „Grenze" das heimliche Stichwort
und das aufregendste Thema unseres Lebens ist.
Weil Grenzen nicht mehr nur natürlich und vor-
gegeben sind oder als von Gott gesetzt angesehen
werden, unterliegen sie der gesellschaftlichen Ab-
stimmung. Und jeder Einzelne muss für sich selbst
dazu Überlegungen anstellen und eigene Entscheidungen treffen.

Der Tod ist die letzte Grenze unseres Lebens.
Ihn kann niemand wegdiskutieren, ihm kann keiner ausweichen. Er steht fest. Das verunsichert und
macht Angst. Ihn kriegen wir nicht in den Griff.
Der Tod ist der größte Störenfried eines selbstbe-
stimmten und erfolgreichen Lebens. Er wird nicht
nur von Ärzten als Kränkung angesehen, die um
das Leben von Patienten ringen. Er erscheint als der
größte Gegner und ärgste Feind jedes Menschen.

Immer noch werden Sterben und Tod tabuisiert. Ihn verdrängen wir ebenso wie Leiden, Krankheit und Behinderungen, Formen des Todes mitten im Leben. Was schwer zu ertragen, dunkel und unheimlich ist, wird allzu leicht verdrängt und auf das Negativkonto des Lebens verbucht. Leidfreies, schmerzloses, leichtes und harmonisches Leben ist der Inhalt unserer Sehnsucht. „Hauptsache gesund!" rangiert auf der Skala der Wünsche ganz oben. Dem entsprechen Flucht und Berührungsangst vor allem, was zu den dunklen Seiten des Lebens gehört. Die Grenze Tod fordert die Arbeit der Seele mehr als die des Verstandes.

Früher lebten unsere Vorfahren viel natürlicher mit dem Tod. Ich erkenne das jedes Mal fasziniert, wenn ich die kleine Fischersiedlung auf dem Holm in meiner Heimatstadt Schleswig besuche. Mitten auf dem zentralen Platz liegt der Friedhof mit der Kapelle. Die Häuser sind im Ring darum angeordnet. Kinder spielen auf der Straße, der Ball fällt über das Gitter auf einen der Wege des Friedhofs, sie holen ihn sich wieder. Alle, die morgens aus dem Haus treten und abends von ihrer Arbeit heimkommen, sehen zuerst und zuletzt auf die Gräber der Ihren. Dass unser Leben und wir selbst begrenzt sind, ist anschaulich und erlebbar.

„Lehre uns bedenken dass wir sterben müssen, damit wir klug werden." Diese alte Bitte um Lebensklugheit und -weisheit aus dem 90. Psalm ist nicht zu beschränken auf alte Menschen. Sie gilt für jede Phase des Lebens. Wer vom Ende her denkt, lernt, intensiver zu leben. Er weiß, dass Leben sich immer vollzieht zwischen Abschied und Aufbruch. Hermann Hesse sagt in seinem Gedicht „Stufen":

„Es muss das Herz bei jedem Lebensrufe
bereit zum Abschied sein und Neubeginne,
um sich in Tapferkeit und ohne Trauern
in andre, neue Bindungen zu geben.
Und jedem Anfang wohnt ein Zauber inne,
der uns beschützt und der uns hilft zu leben."

Bewusst so zu denken ist Lebenshilfe. Das Leben wird dann nicht zweigeteilt in Tag und Nacht, heiter und grausam, schön und schlecht. Es ist Eines und es ist ein Ganzes, das uns auf Zeit geliehen ist, damit wir es sinnvoll und verantwortlich füllen. Wir sehen uns dann wieder als Teil der Natur, in der Werden und Wachsen, Blühen, Welken und Vergehen gleichnishaft zu erleben sind.

Das Leben mit Grenzen ist eine hohe und schöne Lebenskunst. Märchen, Mythen und die Kunst bieten dafür viele Hilfen. Auch in der Musik gibt es eine Fülle tiefer Lebensweisheit.

Ich denke an Volkslieder wie „Es ist ein Schnitter, heißt der Tod", „Es war ein König in Thule". In der Liedkunst wird dieses Thema vielfältig klingend angeschlagen, so im Schubert-Lied „Der Tod und das Mädchen" oder in den Kindertotenliedern von Gustav Mahler.

Zur Gesundheit des Lebens für Leib und Seele gehört es, sich mit den Grenzen des Lebens anzufreunden und vertraut zu machen. Sie wird am stärksten und natürlichsten gefördert, wo Kinder und Erwachsene in der Geborgenheit einer Familie oder einer Gruppe und mit vertrauten Menschen zusammenleben. Je selbstverständlicher Kinder die Endlichkeit des Lebens und den bewussten und natürlichen Umgang mit Sterben und Tod erfahren, desto kontinuierlicher und gesünder vollzieht sich die Entwicklung ihrer Persönlichkeit. Um so weniger werden sie später in Gefahr geraten, die Grenzen des Lebens zu verdrängen. Von den Grenzen her leben – das ist ein wichtiger Schlüssel für unsere gesamte Lebensgestaltung.

Bei der Erfahrung der vielen anstrengenden und oft schmerzlichen Grenzüberschreitungen spielt das Hören eine große Rolle. Es bildet für die Zeit vor der Geburt die Hauptbeschäftigung. Und wenn wir sterben und alle unsere Sinne erlöschen, wenn wir schon längst die Augen geschlossen haben, dann ist der Hörsinn derjenige, der zuletzt erlischt. Die Erfahrungen sowohl in der vorgeburtlichen Forschung, der Embryologie, wie auch in der Sterbeforschung, der Thanatologie, zeigen viele übereinstimmende Ergebnisse. Die nonverbale Kommunikation, die Vermittlung von Zuwendung und menschlicher Wärme durch die musikalischen Anteile der Sprache, durch Rhythmus und Musik spielen hier eine zentrale Rolle. Sterbende sehnen ebenso wie Kinder sich nach Geborgenheit in der Liebe menschlicher Zuwendung. Das Erzählen oder Vorlesen von Märchen und Geschichten, das Sprechen von vertrauten Gedichten, Psalmen und Gebeten, das Vorsingen bekannter und lebensgeschichtlich bedeutsamer Lieder und Choräle sind für sie besonders intensive Zeichen solcher Zuwendung.

In den letzten Jahren ist die Sterbebegleitung sehr ins Gespräch gekommen. „In Würde sterben" – an dieser Forderung muss sich der Umgang mit Todkranken und Sterbenden ausrichten. Sie wendet sich gegen das kalte Sterben hinter einem Paravent, in der Einsamkeit und Isolierung eines Sterbezimmers im Krankenhaus oder im Pflegeheim. Dieses abgeschobene Sterben kommt der Isolationsfolter für Gefangene gleich. Die unpersönliche und menschenunwürdige Behandlung setzt oft schon ein, wenn der Kranke aus der gewohnten Umgebung herausgerissen und hastig ins Krankenhaus geschafft wird. Der Transport ist der Beginn einer häufig langen Leidenszeit. Im Krankenhaus kümmert man sich um die Herz- und Pulsfrequenz, um Elektrokardiogramm und Lungenfunktionen, um Sekrete und Exkremente. So wird der Patient auf das Körperliche reduziert, sein Hunger nach Nähe, Zuspruch und Sterbebegleitung bleibt ungestillt. Das Sterben geschieht so technisch, mechanisiert und unpersönlich, dass man zuweilen gar nicht mehr angeben kann, in welchem Augenblick der Tod eintritt.

Immer mehr erkennen inzwischen auch die Pflegenden, dass die Hand auf der heißen Stirn, das Sitzen am Bett und das leise Sprechen oft wichtiger sind als das Ausfüllen von Tabellen mit Daten. Ihnen fehlt oft die Zeit dafür, ein Engel am Bett zu sein. Aber Untersuchungen haben auch ergeben, dass Schwestern sich oft mehr Zeit lassen als sonst, wenn die Klingel eines Sterbenden ertönt. Gespräche mit ihnen zeigten schnell den Grund: Sie haben Angst und fürchten sich vor dem Anblick sterbender Patienten. Sie haben sich mit dem Sterben und ihrem eigenen Tod nicht auseinandergesetzt. Sie haben es nie gelernt, mit ihren eigenen Grenzen zu leben. Wer sich selbst nicht mit dem Tod auseinandersetzt, kann anderen kein Begleiter beim Sterben sein.

1967 wurde in London die erste „Sterbeklinik" gegründet. Das Ziel dieser Klinik ist es, „die Einsamkeit des Todes in unserer Gesellschaft zu überwinden und dem Menschen etwas von seiner Würde zurückzugeben", wie es die Chefärztin des St. Christophorus Hospice formuliert. Sterben muss jeder allein. Da kann uns niemand vertreten. Aber allein und von allen Menschen verlassen die Schwelle vom Leben zum Tod zu überschreiten, ohne würdig Abschied nehmen zu können, ist grausam und brutal.

Auch Musik kann Sterbebegleitung sein. Vertraute Menschen und vertraute Musik können Ängste nehmen und Geborgenheit vermitteln. Wichtig ist die lebendige Beziehung. Das Vertrauen, das vom Begleitenden zum Sterbenden fließt, hüllt ihn ein wie in einen wärmenden Mantel des Trostes. Das geschieht oft schweigend, indem nur seine Hand gehalten wird und er den anderen spürt. Das gelingt auch, wenn wir warmherzig mit ihm sprechen, ihn zärtlich streicheln, seine Bedürfnisse aus seinen Gesten erschließen und seine Wünsche ihm von den Augen ablesen. Musik kann diese Zuwendung unterstützen.

Ich habe an Sterbebetten erlebt, dass sich das Gesicht beim Beten und Vorsprechen von vertrauten Texten erhellte und Frieden den schwachen Körper erfüllte. Wo die eigene Betroffenheit zu groß ist und die eigenen Worte nicht mehr gefunden werden, hilft die nonverbale Sprache der Musik, eine wohltuende Atmosphäre herzustellen und dem Sterbenden seine Trennungsängste zu erleichtern.

Früher habe ich mich gescheut, große Worte und gebundene Texte zu zitieren. Heute weiß ich aus Erfahrung, welche Kraft, wie viel verdichtete Lebenserfahrung im Umgang mit dem Tod in ihnen liegt. Sie leuchten in der Dunkelheit mehr als stammelnde oder gut gemeinte Worte. Nicht jedem ist es gegeben, in solchen Augenblicken mit eigenen Worten zu trösten. Liedstrophen, Psalmen, das Vaterunser, ein zukunftsweisendes biblisches Wort geben Kraft, können zum Anker im Sturm der Gefühle und der Verzweiflung werden. Ich denke an den Satz „Ich will euch trösten, wie einen seine Mutter tröstet", vertraut aus der Sopran-Arie des Requiems von Johannes Brahms oder die Strophe von Dietrich Bonhoeffer:

„Von guten Mächten wunderbar geborgen,
erwarten wir getrost, was kommen mag.
Gott ist mit uns am Abend und am Morgen
und ganz gewiss an jedem neuen Tag."

„Bereit zum Abschied sein und Neubeginne"

Wir fürchten den Tod in seiner doppelten Gestalt: als Tod eines geliebten Menschen und als unseren eigenen. Menschen früherer Zeiten haben es besser verstanden, den Tod in ihr Leben einzubeziehen. Man starb zu Hause. Kinder erlebten das Sterben der Großeltern und anderer Angehöriger. Wer so mit der Erfahrung des Todes aufwächst, hat es leichter, eine natürliche Einstellung zum Werden und Vergehen des Lebens zu gewinnen. Heute schieben wir das Sterben von uns weg, ins Altersheim oder ins Krankenhaus. Viele sterben allein. Viele Menschen sind mit dem Tod noch nie in Berührung gekommen.

Dennoch können wir der Erkenntnis, dass alle Dinge endlich sind, nicht ausweichen. Helmut Thie licke, einer meiner Vorgänger auf der Kanzel von St. Michaelis in Hamburg, hat berichtet, dass ihn der Gedanke an das Ende von Jugend an beschäftigt habe.

Als er mit sechs Jahren einen heiß ersehnten Leiterwagen bekommen hatte, brach er angesichts dieser Erfüllung in Tränen aus. Sein Vater schalt ihn als undankbar und fragte ihn ärgerlich, warum er gerade jetzt weinen müsse. Da erwiderte er ihm: „Einmal geht er ja doch kaputt!"

Ich kenne solche Augenblicke auch, in denen mir die Vergänglichkeit von Dingen und schönen Erfahrungen nahe kommt und sich mir das Ende, das Aus und Vorbei aufdrängt.

Jeder erlebt schmerzliche Abschiede, das Sterben eines Familienangehörigen oder guter Freunde. Wir spüren dann, wie intensiv wir dadurch in Kontakt mit uns selbst gebracht werden. Wir reagieren mit heftigen Gefühlen, mit Wut und Trauer und der Sehnsucht nach dem alten Zustand. Es ist wichtig, solche Gefühle zuzulassen und nicht wegzuschieben. Es gibt sicher Verlusterfahrungen und Stadien der Trauer, in denen wir völlig erstarrt sind, betäubt und wie leblos. Erst wenn wir durchgedrungen sind, uns durchgearbeitet haben, kehrt das Leben allmählich wieder zurück, fühlen wir uns wieder lebendig. Dann wird das Leben zwar nicht leichter, aber tiefer und intensiver sein. Wir können leichter und besser loslassen, wenn wir uns zuvor auch wirklich eingelassen haben.

In jungen Jahren habe ich beim Abschied von meiner Freundin immer gedacht: Du musst dich so verabschieden, als wäre dieser Abschied und dein letztes Wort endgültig. Ich weiß, wie schwer das durchzuhalten ist im Leben. Aber noch heute blitzt dieser Gedanke an das Ende hin und wieder auf. Es gibt so viele Signale meiner Endlichkeit mitten im Leben, Krankheit, wachsende Einsamkeit, abnehmende körperliche Kraft, die alle auf das Sterben schon mitten im Leben hinweisen und mich zur Stellungnahme herausfordern.

Am unerbittlichsten werde ich in Frage gestellt, wenn ein vertrauter und geliebter Mensch stirbt. Dann bin ich plötzlich ganz allein, muss allein mit allem zurechtkommen, bin wie gelähmt. Das Schlimmste ist die Leere. Die Kleidung und die persönlichen Dinge des Verstorbenen schauen uns an, als wäre alles noch wie eben. Alles wird unwirklich, weil wir weiterleben, als gehe alles so weiter trotz des Verlustes. Gleichzeitig beginnt jeder Tag mit Tränen der Trauer und dem Wissen: „Nie wieder!" Mit Fragen, die antwortlos kreisen, Fragen nach dem Warum. Warum er? Warum muss ich das erleiden?

Wir wollen festhalten, was wir hergeben müssen. Wir klammern uns an Erinnerungen und Wunschträume. Wir wollen und können in dieser Trauerphase den Verlust nicht akzeptieren. Dennoch beginnt mit diesem Kampf schon das notwendige Loslassen. Wenn wir so weiterlebten, als wäre nichts geschehen und als hätten wir nichts verloren, so verkröchen wir uns in die Apathie und Resignation. Oder wir betäubten uns mit Betriebsamkeit – aber alle Anstrengungen und eigenen Schritte würden sinnlos, wertlos und überflüssig.

Ich möchte Mut machen, sich dem Kampf zu stellen. Es ist nicht gut, Trauernden ihre heftigen Gefühle – Wut, Ohnmacht, Schuldgefühle und Angst – auszureden. Es tut Trauernden nicht gut, sich selbst mit Aktivität zu betäuben, weiterzuarbeiten wie immer, sich in Betriebsamkeit zu stürzen. Wir müssen durch das Tal der Tränen hindurchgehen. Hier kann uns niemand vertreten. Dennoch tut gerade auf solchen Wüstenwanderungen die Nähe und die Begleitung verständnisvoller Menschen unendlich gut.

Wenn wir die schmerzhafte Zerrissenheit durchleiden, beginnen wir, das Losgelassene noch einmal aufstehen zu lassen. Wir lassen in den schmerzlichen Erinnerungen noch einmal die ganze gemeinsame Geschichte an uns vorüberziehen. Wir verstehen dann, dass Hochzeiten mit Tiefpunkten, Sternstunden mit Phasen großer Dunkelheit abgewechselt haben. Die Verklärung des Verstorbenen, typisch für den Schock nach dem plötzlichen Abschied, weicht einer realistischen Sicht. Wir finden selbst heraus, wo wir mit Bildern vom geliebten Menschen statt mit eigenen Erfahrungen leben. Wir erkennen, wo wir nur projizieren, aber uns selbst nicht in Frage stellen. Wir entdecken dann, dass wir eigene unangenehme Seiten dem Partner oder der Partnerin angelastet haben. Diese kritische Sicht ist weder lieblos noch soll sie uns in Schuldgefühle stürzen. Sie ist notwendig, um die Erinnerung zu reinigen und zu klären. Sie ist die Voraussetzung für echte und haltbare Dankbarkeit. Wir verstehen dann, was wir nicht verloren geben müssen, weil es ein unverlierbarer Teil unserer eigenen Identität geworden ist und bleiben darf.

Es ist schon schwer, von erfüllten Zeiten und gelungenen Beziehungen Abschied zu nehmen. Noch schwerer ist es, das noch nicht zu Ende gelebte Leben, die noch nicht geliebte Liebe, das noch nicht Gesagte loszulassen. Schuldgefühle und Gewissensbisse, Wiedergutmachungsversuche und vergebliche Anstrengungen, das Versäumte nachzuholen, treiben uns um und geben uns keine Ruhe. Wir bleiben dann starr und leben fixiert, warten vergeblich, dass sich unsere unerfüllten Wünsche doch noch erfüllen.

Es gehört zur schweren Arbeit der Trauer, sich einzugestehen, dass auch berechtigte Wünsche nicht erfüllt worden sind und nicht erfüllt werden können. Eines Tages müssen wir erkennen, dass es sich nicht lohnt, Idealen und Bildern – vom anderen und von mir selbst! – nachzujagen, die weit entfernt sind von unseren eigenen Möglichkeiten. Wir werden uns über die unerfüllten Zeiten nicht freuen können, aber wir werden sie so annehmen, wie sie waren, und sie mitnehmen auf unserem eigenen weiteren Weg.

„Manchmal ist der Himmel voller dunkler Wolken. Aber wenn die Wolken sich abregnen, bekommen die Wurzeln neue Kraft", sagte mir eine Frau, die ihren Mann zwei Jahre zuvor verloren hatte.

Damit die Wurzeln neue Kraft bekommen, müssen alle Trauernden Schritte wagen in das eigene Leben. Wir müssen selbst leben, unser Leben selbst neu gestalten. Nur wenn wir mit Verlusten leben können, im schmerzlichen Ringen unsere eigenen Möglichkeiten entdeckt haben, können wir uns neu im Leben verwurzeln und brauchen uns nicht aus Angst vor weiteren Verlusten aus dem Leben herauszuhalten. Wir brauchen neue Erfahrungen, müssen sehen, was uns gut tut und hilft. Wir werden dann anders leben, bewusster und tiefer. Dabei brauchen wir den geliebten Menschen und unsere gemeinsame Liebe nie zu verraten. Sie wird geläutert, und als solche bleibt sie kostbar und vermittelt uns das Gefühl tiefer Dankbarkeit. Wenn die Enttäuschungen nicht erfahrener und nicht gelebter Liebe uns verfolgen, werden wir sie aber dann hergeben, hinter uns lassen und neu aufbrechen.

Wir werden irgendwann auch unsere eigene Antwort finden auf die Fragen nach dem Warum und nach dem, was harte Verluste und schwere Abschiede uns selbst sagen wollen. Ich kenne viele Menschen, die reifer wurden und neu zu leben begonnen haben. Manche sagen mir: „Ich möchte diese schweren Zeiten nicht missen. Sie gehören jetzt auch zu mir." Das sind dann neue Bekenntnisse zum Leben, am Leid gereift. Ein siebzigjähriger Jude, als einziger seiner Familie dem Tod im Konzentrationslager entkommen, der später seine Frau und seine vier Kinder bei einem großen Waldbrand in Südfrankreich verloren hat, schrieb solche Bekenntnisse zum Leben in Büchern nieder, um hoffnungs- und mutlosen Menschen Trost und Kraft zu geben. Er schreibt:

„Das Leben ist unzerstörbar. Trotz des Todes. Die Hoffnung ist wie ein frischer Wind, der die Verzweiflung wegfegt. Das Leben beginnt heute und jeden Tag. Das Leben ist Hoffnung."

Ich kenne viele Zeugnisse von Christen, deren Hoffnung in schwersten inneren Kämpfen neue Flügel bekommen hat und die in ein neues Leben zurückgefunden haben. Sie sprechen dann so, wie es die Nonne Coretta aus Amerika bleibend gültig und mutmachend gesagt hat:

„Heute ist der erste Tag vom Rest meines Lebens."

Der „Rest meines Lebens" wäre das Leben, in das ich die Wirklichkeit des Todes mit einbeziehe, nicht nur den Tod anderer, sondern auch meinen eigenen.

Bach vertonte in einer seiner vielen Kantaten die Worte „Ich freue mich auf meinen Tod." Mozart schrieb im Alter von einunddreißig Jahren in einem Brief an seinen Vater: „Da der Tod … der wahre

Endzweck unseres Lebens ist, so habe ich mich seit ein paar Jahren mit diesem wahren, besten Freunde des Menschen so bekannt gemacht, dass sein Bild nicht alleine nichts Schreckendes mehr für mich hat, sondern recht viel Beruhigendes und Tröstendes. Und ich danke meinem Gott, dass er mir das Glück gegönnt hat, ihn als den Schlüssel zu unserer wahren Glückseligkeit kennen zu lernen. Ich lege mich nie zu Bette, ohne zu bedenken, dass ich vielleicht, so jung als ich bin, den anderen Tag nicht mehr sein werde – und es wird dennoch kein Mensch von allen, die mich kennen, sagen können, dass ich im Umgang mürrisch oder traurig wäre – und für diese Glückseligkeit danke ich alle meine Tage meinem Schöpfer, und wünsche sie von Herzen jedem meiner Mitmenschen.“

Dieser Brief strahlt Zuversicht und eine gelassene Leichtigkeit aus. Mozart hat sich bereits in jungen Jahren mit dem Bild des Todes vertraut gemacht, so dass der Tod in das Bild seines Lebens hineingehörte.

Unseren eigenen Tod als „Schlüssel der wahren Glückseligkeit“ zu nutzen, um immer neue und auch verschlossene Türen in unbekannte Räume zu öffnen, das fällt uns heute schwerer als Menschen früherer Zeiten. Heute sterben Menschen nur selten einen guten Tod, im Kreis der ganzen Familie, zu Hause und behütet von den eigenen Kindern oder Eltern, von Familienangehörigen und Freunden. Ein Ende in Würde ist nur selten zu erreichen.

Hier wirkt sich auch aus, dass wir heute das Sterben nicht mehr einüben. Keiner kann sich sein Sterben aussuchen. Sich einen sanften, schnellen Tod zu wünschen bleibt ein Wunsch. Schmerzen und Angst können wir um so weniger ertragen, wenn wir sie im Leben stets verdrängt haben. Der Tod bleibt bitter, verliert nie seinen Stachel.

Dem Glaubenden hilft vielleicht das Vertrauen, zu Gott heimzukehren. Aber viele haben den Glauben an ein Weiterleben nach dem Tod verloren. Die Hoffnung, dass bei Gott alles Klagen und alle Qualen, alle Tränen und alle Verzweiflung ein Ende haben werden, hat sich unter den Menschen rar gemacht. Wir haben in diesem Jahrhundert der Weltkriege und der Konzentrationslager so viel unmenschlichen, unsinnigen und ungerechten Tod erlebt, dass die Frage des Lebens nach dem Tod lange Zeit unterdrückt wurde. Es ging uns um das Leben vor dem Tod.

Befragungen von Patienten, die Sterbeerlebnisse hatten, machen nachdenklich. Übereinstimmend erzählen die Befragten von einem Gefühl des inneren Friedens und Wohlbehagens, von der Empfindung einer Trennung des Geistes vom Körper, vom Anblick des Lichtes am Ende eines Tunnels, vom Eingehen in dieses schöne helle Licht. Solche Erfahrungen sind Aussagen von Wiederbelebten. Wie es im Tod sein wird, was wir sehen und spüren werden, wissen wir nicht. Noch ist kein Mensch zurückgekommen.

Neuerdings ist die Frage „Was kommt danach?" wieder lebendig geworden. Siebzig Prozent der Deutschen glauben laut einer Umfrage an Wiedergeburt. Ohne Bilder können wir uns ein Weiterleben nach dem Tod nicht vorstellen.

In der christlichen Religion ist der Tod nicht das endgültige Aus und der triumphierende Herrscher über den Menschen. Christen glauben nicht an die Wiedergeburt. Sie vertrauen aber darauf, dass sie weder im Leben noch im Sterben und auch nicht im Tod der totalen Beziehungslosigkeit verfallen. Wo unsere Beziehungen zu anderen enden, wo die Liebe zwischen Menschen abbricht, hört die Beziehung Gottes zu uns nicht auf. Er hält uns weiter fest. Wir sind Gott zu schade, als dass wir nur verscharrt würden! Die verliehene Würde bleibt erhalten und wird aufbewahrt. Als mich ein Freund fragte, wie ich mir das Leben nach dem Tod vorstelle, antwortete ich: „Ich glaube, dass ich und wir alle hier so geliebt werden, dass die Liebe mit meinem Sterben nicht aufhört. Liebe ist für mich stärker als der Tod."

Ich kann und will mir die Kulissen des Jenseits nicht vorstellen. Und weiß doch, dass wir das Unerkannte und Unsagbare nur in tiefen Bildern sagen können. Solche Bilder haben Kraft, bilden Erwartetes in sich ab, nehmen die Zukunft visionär vorweg. Ich denke an das Licht, uraltes Symbol des Lebens und der Ewigkeit.

Der Arzt und Priester Angelus Silesius schrieb
im 17. Jahrhundert:

„Freund, so du etwas bist,
so bleib doch ja nicht stehn.
Man muss aus einem Licht
fort in das andre gehn."

Da verliert der Tod seinen Schrecken, da leuchtet
etwas von der wahren Glückseligkeit auf.

Ich will mich nicht an Bilder klammern. Ich
kann nur bitten, dass mein Vertrauen, das mir hier
zu Lebzeiten geschenkt wird, mich durch mein
Sterben trägt und im Tod weder aufhört noch enttäuscht wird. Die Liebe ist stärker als der Tod.

Die Bilder, die wir vom Danach, vom Himmel,
von Gott haben, werden aufhören. Hoffnungen,
die uns über Mühen und Enttäuschungen hinweg-
getragen haben, werden zu Ende gehen.

Der Glaube, den wir bewahrten gegen die harte
Realität und gegen unsere Ängste, wird der Vergangenheit angehören.

Wir selbst werden begraben werden und vergehen. Die Liebe aber, ihre Quelle und ihre Kraft,
wird bleiben. Sie ist es, die uns in das Leben gerufen
hat. Sie will auch, dass unser Leben endet.

Ich möchte dem Geheimnis der Liebe dann wie-
derbegegnen, der ich mich verdanke und in der ich
meine Ewigkeit habe. In ihr möchte ich geborgen
sein für immer.

Quellenhinweise

Assisi, Franz von
Der Sonnengesang, aus: Franz von Assisi, Legenden und
Laude, Herausgegeben und übersetzt von Otto Karrer,
Manesse-Verlag, Zürich

Bergengruen, Werner
Wir sind des Fingerzeigens, S. 96, aus: Die heile Welt,
Zürich 1950, © Dr. Luise Hackelsberger – Werner Ber-
gengruen-Archiv, Neustadt

Bonhoeffer, Dietrich
Von guten Mächten, S. 146, aus: Widerstand und Erge-
bung, © by Gütersloher Verlagshaus, Gütersloh, in der
Verlagsgruppe Random House GmbH, München

Hesse, Hermann
Stufen, S. 141, aus: Sämtliche Werke, Band 10: Die Gedichte, © Suhrkamp Verlag, Frankfurt am Main 2002

Leider war es uns trotz sorgfältiger Recherchen nicht möglich, alle Rechtsinhaber ausfindig zu machen. Für Hinweise
sind Verlag und Autoren dankbar.

Foto: elfriede liebenow

Helge Adolphsen,
geboren 1940, war 18 Jahre
bis zu seiner Pensionierung
Hauptpastor an St. Michaelis
in Hamburg. Aus seiner Feder
stammen zahlreiche Veröf-
fentlichungen und Bücher.
Er ist Präsident von NEW
GENERATION, einem Ver-
ein motivierter und aktiver
Menschen ab Fünfzig.

Hermann Rauhe,
geboren 1930, war 44 Jahre
Professor und 26 Jahre Präsident der Hochschule für
Musik und Theater Hamburg.
Er schrieb über 300 Publika-
tionen und viele Bücher. Er
ist Kuratoriumsvorsitzender
von NEW GENERATION
und der Deutschen Stiftung
Singen.

Zeit ist relativ: In jungen Jahren kommt es uns oft so vor, als wolle sie nicht vergehen, im Alter hingegen scheint sie nur so vorbeigeeilt zu sein. Sie lässt sich weder aufhalten noch vertreiben, wir haben keinen Einfluss auf das Tempo, mit der sie verstreicht. Wohl aber liegt es in unserer Hand, *wie* sie vergeht, sie sinnvoll zu nutzen ist unsere Aufgabe. Wie dies geschehen kann, zeigen die teils heiteren, teils nachdenklich stimmenden Geschichten und Gedichte dieses Buches. Sie regen dazu an, sich bewusst Zeit zu nehmen – für sich selbst, für andere und für Gott.

Dr. phil. Reinhard Abeln ist Journalist in der Kirchenpresse i. R. und Referent in der Erwachsenenbildung. Er hat zahlreiche Bücher veröffentlicht.

Reinhard Abeln (Hg.)
■ **Zähl die schönen Stunden nur**
Ein Vorlesebuch
128 Seiten, gebunden,
mit Leseband
Format: 12,5 x 20,5 cm
€ 14,95 (D) sFr 22,50 € 15,40 (A)
ISBN 978-3-7806-3079-7

Kaufmann Verlag   **www.kaufmann-verlag.de**
Postfach 22 08 · 77912 Lahr   Telefax 0 78 21 / 93 90-11
Telefon   0 78 21 / 93 90-0   info@kaufmann-verlag.de